홍세화의 공부

홍세화의 공부

천정환 묻고 홍세화 답하다

alma

서문

왜 공부인가?

공부라는 단어에서 거부감과 두려움부터 느끼는 사람들도 적지 않을 것입니다. 오늘날의 한국이 '공부 중독 사회'라는 진단은 옳습니다. 학력을 쌓고 학벌을 따고 직업을 얻기 위해, 타고난 '수저'를 지키거나 바꾸기 위해, 우리는 처절하게 공부합니다. 초중고 12년뿐 아니라 유치원에서 취업 준비 기간까지 20년을 넘어 공부는 억지로 강요됩니다. 그런 공부는 실로 인간을 억압하고 망치기까지 합니다. 공부는 삶에서 분리되고 오히려 삶을 불행하고 빈약하게 만듭니다.•

그래서 공부는 즐거움과 아무 관련이 없게 될 뿐 아니라 실제로 우리는 '진짜 공부'를 잘 못 하게 됩니다. 대학생들도 스스로 생각하여 자기 생각을 쓰고 말하는 능력이나 책 읽는 능력

• 관련된 논의로 엄기호·하지현, 《공부 중독》, 위고, 2015; 천주희, 《우리는 왜 공부할수록 가난해지는가》, 사이행성, 2016.

이 심각하게 떨어집니다. 잘못 공부해왔기 때문이거나 잘못된 공부를 강요받아왔기 때문입니다. 직장인이 되고부터는 평생 책 한 권 읽지 않습니다. 그럴 시간이나 여력도 없어집니다.

　　그러나 우리는 무엇보다도 자기 자신을 위해 공부해야 합니다. 삶이 불완전하고 모순에 가득 차 있기 때문입니다. 출세나 좋은 학교, 좋은 직장이 아니라 스스로 더 나은 존재가 되기 위해, 자신을 위해 더 풍요로운 삶을 살기 위해서 공부가 필요합니다. 우리가 맞닥뜨려야 하는 삶의 이런저런 문제들, 고통과 갈등, 불안과 초조, 소외와 갈증을 제대로 파악하고 해결하기 위해서. 그러니까 이 평생 해야 할 공부는 결코 책을 읽거나 강의를 듣는 것만으로 이뤄지지 않습니다. 혼자 수양하고 또한 타인과 대화하는 것이 중요한 공부법이겠습니다.

　　잘못된 공부에 시달려왔다면 평생 공부해야 한다는 말은 겁나는 말입니다. 억지로 시험공부하고 가슴 졸이며 등수를 매긴 성적표를 받고, 선생이나 부모한테 야단맞은 생각을 하면 온몸이 답답해지는 기분입니다.

　　그러나 '평생 공부'해야 한다는 것은 역설적으로 두 가지 긍정적인 의미를 가집니다. 하나는 지금 공부 안 하고 놀아도 된다는 뜻입니다. 왜냐고요? 평생 할 것이기 때문입니다. 평생 할 공부라면 지금 당장 시간과 돈이 없어서 공부를 하지 못하고 있다 해서, 초조해할 필요가 전혀 없습니다. '나'를 지키고 내 문제의식을 가지고 살아나가는 것 자체가 공부입니다. 때로는 노는 것도 중요한 공부가 됩니다.

우리가 처한 상황은 다 다릅니다. 체력, 시력, 사고력, 집 중력, 책 읽을 시간과 공간 그리고 학습과 독서 경력이 다 다르기 때문에 누구에게나 맞는 공부의 일반론이란 없습니다. 따로 책 읽기나 학교 다니기가 필요하다면 언젠가 기회는 오기 마련입니 다. 의지만 있다면 가족이든 친구든 누군가 분명 공부에 도움을 주기도 할 것입니다. 길잡이가 필요하긴 합니다.

다른 긍정적인 한 가지는 그 평생 할 공부가 이제까지 해 온 방식과는 다른 것이라는 점입니다. 우선 이 공부에는 시험과 등수가 없습니다. 오직 자기 자신의 성찰만이 중요하며 억지로 하는 암기나 책 읽기가 아니라, 타인들과의 대화와 토론이 중요 합니다. 그리고 우리는 함께 살기 위해서 공부해야 합니다.

홍세화 선생님은 1947년에 태어났습니다. 여전히 활발하 게 활동하십니다. 프랑스에 있는 가족과 따로 지낼 때가 많아 혼 자 밥하고 빨래하며, 번역을 하거나 글을 쓰시고 또 책을 읽습니 다. 처음 이 책 작업을 의뢰받았을 때는 홍세화 선생님에 대해 잘 몰랐습니다. 물론 오래전에 《나는 빠리의 택시운전사》도 읽었고, 틈틈이 그가 쓴 칼럼도 봤지만 전혀 가깝게 여기진 못 했습니다.

가까이서 얼굴을 뵙고 대화를 나눈 건 2012년 12월이 처 음이었습니다. 뵙자마자 옷차림 때문에 조금 놀랐습니다. 그날

홍세화 선생님은 검은색 코트에 검은색 비니를 쓰고 계셨습니다. 저는 약간 놀랐습니다. 그 연배의 남자 노인으로서는 드문 '간지(일본어 'かんじ'에서 온 속어로 멋있는 감각, 인상 등을 뜻함)'가 났기 때문이었습니다. 이 '간지'에 대해 저는 좀 오래 생각해야 했습니다.

그리고 얼마 뒤, 홍세화 선생님을 비롯한 몇몇 사람들과 함께 술을 조금 마시고 노래방엘 가게 됐습니다. "루루루루 지금도 마로니에는 피고 있겠지…" 〈지금도 마로니에는〉을 비롯한 그의 노래들은 다 멋있었습니다. 또 '간지' 났습니다. 나중에 들으니 그는 대학 연극반 출신이고, 노래를 원래 잘하셨다고 합니다. 사실 저도 예전엔 노래방을 좋아했는데, 언젠가부터 보통 한국 사회의 '을'들 그리고 여성들이 노래방을 기피하는 이유와 비슷한 이유로 노래방을 좀 기피하게 됐습니다. 그런데 홍세화 선생님과 함께 갔던 노래방은 달랐습니다.

만남이 몇 번 이어지고 난 뒤 곰곰 생각해보니, 그는 '독특한 남자 어른'이었습니다. 저만 그렇게 느끼는 걸까요? 그는 꽤 오랜 시간 같이 있어도 거의 불편하지 않고, 오히려 기분이 좋아지게 하는 특징이 있는 그런 '남자 어른'이었습니다. 사실 보통의 남자들도 대부분, 아버지든, 삼촌이든, 지도 교수든, 직장 상사든, 아니면 지하철의 노인이든, 한국 남자 어른들과 함께 있는 게 편한 경우는 적습니다.

같이 있으면 부담스럽고 불편한 경우가 많습니다(저도 누군가에게는 아마 점점 그런 상대가 돼 가고 있겠지요). 대개 그런 '어르신' 앞에서는 일방적으로 설교나 훈계를 듣든지, 아니면 서로 어색하게 침묵하든지, 아니면 대화가 결국 언쟁으로 끝나게 되는 거 아닌가요? 대화의 주제가 꼭 박정희의 업적이나 한반도 안보 상황에 대한 게 아니라도 말입니다.

　　이 책 덕분에 홍세화 선생님을 열 몇 번쯤 만났습니다. 아버지나 대학 은사님을 제외하면 이렇게 많이 만나 얘기 나눈 유일한 남자 어른이 아닐까 합니다. 홍세화 선생님은 여느 한국 '남자' '노인' '지식인'과 좀 달랐습니다. 다른 자리에서도 선생님을 조금 관찰해보니 자기보다 훨씬 젊고 지식이나 경험을 비교할 수 없는 젊은 친구들이 짖고 까부는 것도 가만히 보고 경청하십니다. 자리를 주도하거나 사람들을 소외시키지 않고 어쩌다 필요한 말을 하십니다. '듣고 대화하는' 능력이 있습니다. 그래서 저는 '홍세화'라는 이름이 주는 부담, 즉 대표적인 '진보' 지식인이자 정당의 대표까지 지낸 사람으로서의 사회적 이미지에 너무 억눌리지 않을 수 있었습니다. 그가 가진 여러 면모가 자연스럽게 가능하게 했습니다.

　　'세화'라는 그의 이름은 무정부주의자이자 코즈모폴리턴이었던 아버지가 지어준 것으로 '세계 평화'의 줄임말이라고 합니다. 그런 그는 '공부주의자'입니다. 공부로써 우리 삶과 이 세상을 낫게 만들 수 있다고 진짜 믿는 사람이고, 물론 자기 자신이 늘

'함께' 공부하려 합니다. 그런 분과 어느 자리보다도 편안했던 대화의 기록들 중에서 주로 공부에 관한 것을 추려 펼쳐 보입니다.

천정환

차례

1

나를 바꾸는 공부

공부 하나:
공부란 무엇인가?

《생각의 좌표》는 홍세화의 책 가운데 《나는 빠리의 택시운전사》 이후에 가장 많은 독자들한테 읽힌 책이다. '돈이 지배하는 사회에서 생각의 주인으로 사는 법'이라는 부제로, 20여 년 만에 고국으로 돌아와 2000년대를 산 그의 생각이 집약된 책이기도 하다.

이 책에서 그는 끝없는 자기 성찰과 비판 의식을 강조한다. 발간 당시 기자였던 고종석은 홍세화를 두고 "신념의 일관성에서, 자신의 존재조건에 대한 반성의 철저함과 항구성에서, 말과 행동의 일치에 대한 점검의 부단함에서 그를 앞설 사람을 나는 얼른 떠올리지 못한다"(고종석, 《신성동맹과 함께 살기》, 개마고원, 2006)라고 말했다.

홍세화는 《생각의 좌표》에서, 억압과 착취에 찌들었지만 지배계급이 생각하는 대로 생각하는 보통 한국 사람의 의식을 진단하고 그에 대한 대안을 제시하려 했다.

왜 가난하고 힘없는 사람이 극우와 보수정당을 지지하는가?

왜 자기와 비슷한 처지의 노동자나 그를 대변하는 진보정당을 지지하지 않는가?

왜 사람들은 부정한 부자와 권력자들에 비판하고 저항하기보다는 선망하는가?

그는 이러한 현상, 즉 '처지나 존재에 대한 의식의 배반'은 한국의 교육 시스템 탓에 일어난다고 생각한다. 암기력과 문제 풀이 능력을 기준으로 일등부터 꼴등까지 줄을 세우며 경쟁을 강요하는 우리의 교육 말이다.

홍세화는 진심으로 말과 교육(공부)의 힘에 의해 사람들의 인식이 달라지고, 그래서 세상이 나아진다고 믿는다. 한마디로 계몽과 이성의 힘을 믿는 사람이다. 2012년의 총선과 대선에서 잇달아 야권과 진보세력이 참담하게 패배하고 난 뒤에 홍세화가 만든 '가장자리'는 다름 아닌 '학습 공동체'였다.

나를 잘 짓는 일

천정환   저도 평생 공부하는 걸 직업으로 삼고, 남들한테 공부하는 모습을 보여주거나 공부하라고 말하는 입장에 있긴 하지만 선생님은 정말 '공부주의자'이십니다.(웃음) 선생님께 '공

부'란 무엇입니까? 또 우리가 인간으로서나 시민으로서 어떤 공
부를 해야 합니까?

홍세화   제게 공부는 우선 '나를 잘 짓기 위한 끝없는 과
정'이라고 말하고 싶습니다. 우리말 중에 '짓다'라는 동사는 흥미
롭습니다. 농사를 짓고 옷을 짓고 집을 짓습니다. 인간 생존에 필
수적인 '의식주'가 모두 '짓다'의 목적어가 됩니다. 잘 지어서 공
동체 구성원 중 단 한 사람에게도 부족함이 없도록 해야겠지요.

한편, 우리 각자에게 가장 중요한 과제는 '나를 잘 짓는
일'입니다. 한 번 태어나 되돌릴 수 없는 내 삶을 어떻게 지을 것
인가는 나에게 달린 문제입니다. 누가 대신 지어줄 수 없습니다.
아무리 시대적 상황이나 사회경제적 환경이 억압적이라고 하더
라도 나를 짓는 주체는 나일 수밖에 없습니다.

어떤 인간도 죽는 순간까지 완성된 존재가 될 수 없다고
할 때 나를 조금이라도 잘 짓기 위한 공부는 '아직 살아 있는 자'
의 당연한 과제가 아닐까요. 제게 '공부주의자'라고 하셨는데 워
낙 저 자신이 공부가 부족한 사람이라는 것을 알기 때문이기도
합니다만, 다른 한편으로 제게 공부는 이기적이거나 나르시시즘
과는 다른 차원의 자기애의 반영이라고 감히 덧붙이겠습니다.

천정환   자기를 사랑하는 방법이 공부라는 말씀 참 좋네
요. 오래 음미해보고 싶은 말입니다. 제가 선생님께 '공부주의자'
라 말씀드린 것은, 공부를 통해 세상을 변화시킬 수 있다고 굳게

믿으시는 거 같아서입니다. '공부'가 중국어의 쿵푸功夫, gōngfu에서 온 말이라지만 공부의 이미지는 정적이고 이론적이고 비현장적입니다. 공부는 어떻게 실천적인 것이 될 수 있나요?

홍세화　우리가 흔히 인문학과 사회과학이라고 말하는데 그것을 각기 사람 공부, 세상 공부라고 말해도 되지 않을까요? 사람 공부, 세상 공부라고 말할 때 공부의 이미지는 인문학이나 사회과학을 말할 때보다 실천성을 담고 있는 것은 분명해 보입니다. "사람은 사회적 동물이다"라는 명제에서, 내가 사람이니 사람 공부를 해야 하고 사회적 동물이니 사회, 즉 세상을 공부해야 하는 것은 당연한 귀결이겠지요. 공부라고 말하면 사회구성원 모두에게 해당되지만 인문학이나 사회과학이라고 말하면 학자들의 소관 사항으로 한정하게 됩니다. 공부가 그 자체로 정적이거나 이론적, 비현장적이기보다는 그것이 인문학, 사회과학이라는 말을 통과하면서 '학문'의 뜻으로 축소시켰기 때문에 그렇게 된 게 아닐까 싶습니다.

천정환　학계에서는 '공부한다' '안 한다'를 일반적인 용법과 다르게 사용하는 경우가 자주 있습니다. 전문적이고 특수한, 그래서 학계 바깥에선 못 알아들을 어떤 언어로 된 연구를 할 때는 '공부한다'라고 하고요, 반대로 일반적인 독서나 현실에 개입하는 글쓰기 같은 걸 하는 건 '공부를 안 하는' 걸로 간주하기도 합니다. 드는 공력이나 사회적 의미와 무관하게 말입니다. 인문 사회과학이 철저히 분과학문화된 상황의 반영인데요. '공민' 또는 '시민'으로서 해야 할 '공통의' 공부에는 어떤 게 있을까요?

홍세화   시민으로서 어떤 공부를 해야 하는가라고 물으셨는데, 이 물음과 관련하여 프랑스 대학입학자격시험에 출제됐던 철학 문제가 떠오릅니다. "무지는 죄악인가?"라는 논제였습니다. 쉽게 답하기 어려운 물음인데, 그럼에도 구성원들이 무지의 늪에서 벗어나지 못할 때, 그래서 사회에 대한 비판성이 결여되어 있을 때, 그 사회를 몰상식과 뻔뻔함의 토양이 되도록 한다는 점은 부정하기 어려울 것입니다. "모든 국민은 자기 수준의 정부를 가진다." 알렉시 드 토크빌의 말로 잘못 알려져 있지만, 조제프 드 메스트르라는 19세기 초반의 반동적 보수주의자의 말이라고 합니다. 아무튼 국민의 하나로서 나의 수준이 모든 국민의 운명에 영향을 미치는 정부의 수준을 규정한다는 것은 부정할 수 없을 것입니다. 저는 시민성의 핵심을 비판성과 주체성의 두 가지로 보는데요, 이 두 가지는 나의 비판 의식 결여가 나쁜만 아니라 내가 속한 사회에 부정적인 영향을 가져온다는 책임 의식을 갖게 하겠지요.

한국 사회 구성원들 중에서 한국 사회가 바뀌어야 한다고 말하는 사람은 아주 많습니다. 지금까지 그래왔고 앞으로도 그럴 것입니다. 그런데 한국 사회가 바뀌려면 한국 사회를 구성하는 우리 각자가 바뀌어야 합니다. 엄밀히 말해, 한국 사회를 구성하는 우리 각자가 바뀌는 딱 그만큼 한국 사회가 바뀔 수 있는데, 대부분의 사회구성원이 보이는 일반적인 모습은 자기는 바뀔 생각이 없으면서 한국 사회가 바뀌기를 바란다는 것입니다. 결국 한국 사회는 바뀌지 않으니 구성원들은 앞으로도 계속 한국 사회가 바뀌어야 한다고 말하겠지요. 그만큼 주체성이 부족한 것이라고 말할 수 있습니다. 결국 나를 바꾸기 위해 필수적인 공부는 나의 성숙뿐만 아니라 시민사회의 일원으로서 내가 속한 사회를 성숙시키기 위해서도 필수적인 것이겠지요.

천정환　　　홍세화 선생님은 언론계와 시민사회의 원로로서, 교사와 종교계 지도자 들을 대상으로 강의를 많이 다니신다고 들었습니다. 그러니깐 '교사의 교사' 역할을 하시는 셈인데요. 강연을 다니시면 어떤가요? 그런 분들에 대한 강연 내용도 궁금하고 반응도 궁금합니다.

홍세화　　　한국의 종교계 지도자들을 만날 기회가 많은 건 아닙니다. 그런데 그런 위치에 있는 분들 중에 공부를 소홀히 하는 분들이 적지 않은 것 같습니다. 교사나 종교계 인사라고 하면 그에 상응하는 공부가 마땅히 있어야 하는데 그렇지 못하다는 것이지요. 에리히 프롬의 "소유냐, 존재냐"의 물음을 빌려와 말한다면 교사나 종교계 인사라는 직분의 대부분이 소유물에 머물러 있다고 할까요. 하긴 이 문제는 그들만의 문제가 아니라 사회 전반에 만연한 것이겠습니다만… 가령 한국 사회를 지배하는 물신주의에 종교계의 주류는 저항하는 쪽이 아니라 오히려 부추기는 쪽에 있지 않은가 싶어요.

또 한편 자꾸 "공부하자"라고 하는 것은 무엇보다도 한국 사회나 진보진영이 너무 공부를 안 한다는 생각 때문이에요. 보수는 말할 것 없고 진보진영도 지적 우월감이나 윤리적 우월감이 아주 강한데 거기에 비해서 실제로는 공부를 하지 않는다는 느낌을 받았습니다.

천정환   네, 진보는 가진 게 없어서 책이라도 부지런히 읽어야 되는데… 또 일부는 그래왔지만 이제 이 문제는 새삼 진보와 보수를 가릴 수 없게 된 거 같습니다. 너무나 '책 안 읽는 사회'가 심화돼서 인문학 하는 사람으로서 눈앞이 캄캄해지는 느낌을 받을 때가 많습니다.

홍세화   한국 진보진영만큼 공부를 안 해도 '진보' 행세를 할 수 있고 또 그러한 정치 구도가 있는 곳이 과연 있을까 하는 생각이 들어요. 그래서 총선에서 실패하고 나서 정말 공부를 같이 해야겠다는 생각이 들어 '가장자리'나 '소박한 자유인' 같은 실험을 시도하게 됐습니다.

천정환   '소박한 자유인'은 근래 만드신 공부 모임이죠? 페이스북에서 봤는데 "사람되는 공부-세상 공부의 긴장을 놓지 않는다"가 모토로 돼 있었습니다. 소개를 좀 해주시지요.

홍세화   '함께 책 읽기'를 통한 '시민 만남'의 기지라고

나 할까요. 자본주의 사회에 완전히 포섭되지 않으면서 사람(되는) 공부, 세상 공부의 긴장을 유지하는 방안이 있다면 거기에 책은 꼭 있을 것입니다. 회원은 적어도 한 달에 한 권씩 '소박한 자유인'에서 선정한 책을 자발적으로 읽고 또 시민사회 현장에도 자발적으로 참여합니다. 토론과 세미나, 기행도 같이 하고 있습니다. 앞으로 회원들의 참여 정도에 따라 인문학 축제 등 다양한 활동도 기획할 수 있겠지요.

천정환   제 인문학 수업을 듣는 학생들하고 얘기해보면 어떻게 공부해야 할지, 뭘 읽어야 할지를 몰라서 입문이 어렵다고 하는 친구들이 많습니다. 평소에 책은 어떻게 고르시는지요? 또 다른 공부 방법에 대해 주실 말씀이 있으면 해주시면 좋겠습니다.

홍세화   제게 특별한 방법이 있는 건 아니고요. 한겨레 신문에 금요일마다 나오는 〈책과 생각〉 면을 자세히 읽는 편입니다. 그래서 일주일에 한두 권 정도를 고릅니다. 또 〈르몽드〉 신문의 책 소개란 중에 사회과학 책의 서평이 있으면 눈여겨보는 정도입니다.

천정환   동시에 여러 권의 책을 읽는 걸 좋아하시나 봅니다.

홍세화   저는 그냥 난독입니다. 그러니까 옛날부터 책 읽는 것에 어떤 계획이나 흐름을 만드는 게 쉽지 않은데요.

천정환   저도 그런 편인데요. 어떤 때는 그게 즐겁고 어떤 때는 괴롭습니다. 어떤 때는 산만해지고 어떤 때는 뭘 읽고 있었는지도 까먹거든요. 계획을 세워볼까 하지만 너무 읽을 게 많아서 그냥 일정이나 흐름에 맡겨버리게 되더라고요. 책에 대한 정보를 어디서 보십니까?

홍세화   주로 신문. 그리고 인터넷. 제가 정기적으로 읽는 게 〈르몽드〉하고 또 디플로마티크diplomatique는 인터넷으로 보는데 종이 신문으로 보는 게 〈한겨레〉하고 〈한겨레21〉과《녹색평론》정도죠. 그냥 손에 잡히는 대로. 그리고 많이 읽질 못합니다. 워낙 시간도 별로 없고. 시간 없다는 게 참 핑계이긴 하지만.(웃음)

공부주의자를 넘어서

천정환   '공부주의자'를 넘어 '계몽의 임무를 포기할 수 없다'는 생각을 누구보다 진정으로 실천하시는 것 같습니다. '계몽'은 근대 민주주의 혁명이나 20세기 사회주의 운동의 중요한 가치였지요. "학습하라, 선전하라, 조직하라"라는 명제가 떠오르는데요. 한때는 지상의 명제였던 그것이 극적으로 해체되고 부정된 게 바로 1990년대나 2000년대이지 않습니까? '계몽이 불가능한 시대'라는 지적에 대해서는 어떻게 생각하시나요? 지젝 같은 철학자는 오히려 '과잉계몽' 그러니까 계몽이 부족해서 즉 몰라서가 아니고 "다 알지만 그렇게 한다"고 말합니다. "그들은 알면서도 그렇게 하나이다"라고요.

홍세화   저는 다른 맥락에서 계몽이 불가능한 시대라는 말에 동의합니다. 저는 "몰라서가 아니라 알지만 그렇게 한다"가 아니라 "알려고 하지 않기 때문에 계몽이 불가능하다" 또는 "다 알고 있다고 믿기 때문에 계몽이 불가능하다"는 쪽에 있습니다. 회의하지 않는 사람들은 생각의 문을 열지 않지요. 계몽이 가능하지 않습니다. 애당초 귀 기울여 들으려고 하지 않으니까요. 거시적인 접근입니다만, 가령 17세기 유럽에서 회의론으로 출발한 근대 철학이 다음 세기인 18세기를 '계몽의 세기'로 꽃피우게 된 것은 우연이 아니라고 봅니다.

한국의 진보진영에서 노동자를 비롯한 대중의 의식과 관련하여 계몽의 필요성을 말하는 것에도 기피하는 분위기가 있습니다. 잘못된 엘리트 의식의 발로라고 비난받을 수 있다는 생각이 앞서서인지 자기검열을 하기도 합니다. 대중지성이라는 말 앞에서 계몽은 설 자리가 없어진 것 같기도 하지요. 제 생각은 계몽이 필요하지만 대중이 회의할 줄 모르기 때문에 그것이 너무 어렵고 잘 이루어지지 않기 때문에 포기한 뒤에 우회하고 있다고 보는 편입니다. 어렵더라도 계몽을 포기해선 안 되는데 말이죠. 한편, 한국의 근대성이 갖는 한계는 경제주의와 물질주의에 너무나 압도되어온 점도 있다고 생각해요. 그것이 근대성이 담보해내야 하는 어떤 '상식'이나 기본적인 '윤리'나 '공공성' 같은 것을 덮어버린 거죠. 서유럽 같은 데선 '근대'가 당연히 담보해왔던 이런 것들이 한국에서는 물질문화에 압도되었어요. 한국은 상식이나 절제라는 게 부족한 사회입니다. 그러니까 상식이나 윤리, 공공성 등을 어떻게 이 사회에 뿌리내리게 할 것이냐 하는 것 또한 분명 '계몽의 과제'에 포함된다고 봅니다.

천정환　　　그런 의미의 '계몽'은 근대적 의미의 계몽이나 계몽주의와는 다른 것 같습니다. '대중지성의 시대'니까 오히려 시민의 상호계몽, 또는 자기계몽의 의미가 더 커지고 언제나 필요할 거라고는 생각합니다.

홍세화　　　우선 제일 중요한 문제는 물질을 향유하는 경제적 주체로서의 개인이 아닌, 정치적인 주체로서의 개인이 함몰돼 있다는 거죠. 과연 한국에서 정치적 주체로서의 개인이 있는가? 이런 문제입니다. 소비하고 소유하는 주체로서의 개인은 있는지 몰라도 정치적 주체로서의 개인이 과연 있는가? 저는 이게 근대성 문제에서 핵심이라고 생각합니다.

　　　그런 개인의 가치가 공허하기 때문에 북한을 바라보는 관점 같은 것도 늘 함정에 빠지게 되는 거예요. 정치적 주체로서의 개인이 비어 있으니까, '국가와 개인'의 관계에서 '개인의 주체성'이 '국가의 주체성'에 모든 것을 양보해버립니다.

　　　"존재가 의식을 규정한다"고 할 때, 여기서 '존재'란 곧 정체성이고 사회경제적 처지의 문제입니다. 이것과 조우해서 의식

세계가 형성되는 것인데, 한국 사회에서는 이것이 분절되어 있습니다. 완전히 단절되어 있어요. 한국 사회에서는 정치적인 주체의 형성 자체가 불가능하잖아요? 계급적 측면에서는 더 말할 것도 없죠. 예를 들면 노동자 의식? 무슨 노동자 의식이 있습니까? 민주노총 조합원들조차 단체협약을 하고 투쟁할 때만 노동자 의식이 발현됩니다. 일상으로 돌아가면, 아니거든요.

천정환   그러면 '공부주의' '계몽주의'를 내걸고 하는 여러 활동과 기획들이 '일상의' 정치적 주체를 형성하려는 것이다. 그렇게 이해해도 될까요? '노동자 계급의식 형성'과는 다른 의미의 접근 같습니다.

홍세화   네, 그렇습니다. 인문주의적인 개인의 가치에 주목하는 것이고, 또 그동안 너무 지나치게 목적으로 수단을 정당화했던 경향을 극복하려는 거예요. 인문주의적 토대 위에서 정치적 주체를 형성하는 시도입니다.

우리는 얼마나 잘 알고 있는가?

천정환   그럼 선생님의 계몽이란 '인간-개인'으로서의 깨어남이고 또 동시에 그로부터 시작되는 계급의식의 포지입니다. 공동체의 시민이고 계급적 주체면서 동시에 개별자인 개인. 그런데 개인으로서의 주체화와 계급의식의 연결은 언제나 필연적이거나 그리 쉬운 일은 아닌 듯합니다.

홍세화 당연히 연결돼 있는 거죠. 개인의 가치란 말하자면 각 개인의 몸이 거하는 곳에서의 주체성입니다. 각 개인의 몸이 거하는 곳은 우선 가정이고, 또 학교나 일터일 수 있는데, 이 모든 몸이 거하는 곳에서의 주체화인 거죠.

이 주체는 관계성 속에서의 주체죠. 이들이 '물질' 때문에 엄청난 굴종을 강제당하고 있는 건 뭐 두말할 필요도 없고, 학교나 회사 같은 관계 속에서도 완전히 지금 자유를 방기당하며 거의 자발적으로 복종하고 있습니다. 말 그대로 노예면서 노예인 줄 모르는 현실 속에 있는 거죠.

천정환 음, 그러니까 '과잉계몽'이라는 것은 조금 다른 의미인 듯합니다. 그들과 우리는 말씀하신 것처럼 노예면서 노예인 줄 모르는 게 아니고, 그것을 충분히 알고 있는 '준노예'나 '냉소적 주체'가 아닌지요? 말하자면 과잉계몽이란 물질적 또는 정치적 속박 때문에 '준 노예' 정도로 머무르는 것에 만족하거나, 아니면 욕망 이상의 다른 것을 추구하지 않는 상태를 지칭하는 거지요.

홍세화 그런가요? 저는 그런 '과잉계몽'된 의식도 지배체제에 의한 것이라 봅니다. 그 말을 들으니 지난 시대에 많이 쓴 '의식화'라는 말이 문득 생각납니다. 저는 한국 운동권이 많이 쓴 '의식화'가 엄청난 잘못을 내포한다고 봅니다.

　　운동권에서 '의식화'라는 말을 씀으로써 의식화되기 이전에는 사회구성원들에게 별 의식이 없는 양 전제했다는 것입니다. 이것이 한국 사회를 인식하는 데 있어서 심각한 오류를 저질렀다고 저는 생각합니다. 사회구성원들에게 의식화는 이미 지배질서, 지배체제에 의해 철두철미하고도 일사불란하게 이뤄져 왔기 때문입니다. 일제강점기에 황국신민의식화, 분단 뒤에는 반공신민의식화, 숭미의식화, 국가경쟁력의식화가 광범위하게 이뤄져 왔잖습니까? 그런데 운동권이 의식화라는 말을 사용함으로써 이것이 무화되어버린 것이에요. 차라리 아무런 의식이 없으면 존재가 요구하는 의식을 가질 가능성과 여지가 있지만 그것을 애당초 불가능하게 만든 게 바로 지배세력에 의한 반공신민의식화 같은 것들 때문이었지요. 이미 입력된 의식, 주입받은 의식, 세뇌된 의식이 그야말로 과잉된 것이 있어서 자기 존재가 요구하는 것조차 스스로 거부하거나 부정하고 배반하는 그런 의식을 이미 갖고 있고 그것을 고집하고 있는데 말입니다.

　　가령 학교 교실에서 전교조 교사들이 계기수업*을 할 때마다 조선, 동아나 교육부 등 수구기득권세력이 대응하는 수법이 있습니다. 순진한 학생들에게 의식화 수업을 한다는 것이지요.

●　　공식적인 교육 과정과 상관없이 사회적인 이슈와 사건을 가르치는 수업이다.

그런데 그 순진한 학생들, 아직 이성에 대한 사랑의 감정도 갖기 전인 학생들에게 증오심, 적개심을 갖도록 게 한 게 바로 그들이었고, 연대의식보다 경쟁의식을 갖게 한 게 바로 그들이었습니다. 이런 문제들에 대해 제대로 대응하지 못하게 된 것도 제가 볼 때엔 우리 쪽에서 의식화라는 말을 사용한 데서 비롯되었다는 것입니다. 거듭 말하지만 사회구성원들은 의식화가 과잉되게 이루어졌고 지금도 마찬가지입니다. 지배세력에 의해, 철두철미하고 일사분란하게.

그러니까 실제로 제가 1980년대, 1990년대에 있었던 의식화라는 말을 오히려 정확하게 얘기하려면 오히려 '탈의식화'였다고 말했어야 됐다는 거죠. 그러니까 지배체제에 의해서 형성된 세뇌를 받고 이런 것에 대해서 얼핏이나마 인식하게 되는, 그래서 그 의식을 벗겨내는, 그러니까 이 체제순응적 의식이라든지 반공의식이라든지 이런 것을 벗겨낸 상태를 우리는 오히려 거꾸로 의식화라고 말했던 게 아닌가라는 거죠. 실제로 우리가 가져야 할 의식은 아직 낮은 수준에 머물러 있어요. 그럼에도 의식화되었다는 잘못된 인식을 공유하기 때문에 몇 권의 책을 읽은 다음에 공부를 소홀히 하게 된거죠.

천정환   저는 직업 탓에 20대들과 비교적 자주 대화하고 그 문화의 변화를 관찰하게 되는데요. 적어도 오늘날 대학을 다니는 학생들은 지배계급이나 기득권 세력이 말하는 것을 거의 믿

지 않고, 또 자기들이 얼마나 심하게 갈취당하는지도 잘 알고 있
는 듯합니다. 그런데도 한편으로는 '정치'에 대한 거부감도 크고,
다른 한편으로는 '준 노예'인 상태에 어쩔 수 없이 매여 꼼짝 못
하는 거지요. 그러니까 저는 '보통 사람'들의 경우, 물질과 소비
위주의 삶에 긴박돼 "알면서도 그렇게 할 수밖에 없는" 상태에
있는 것이 아닌가, 이런 생각을 많이 해봅니다.

　　홍세화　　 "알면서도 그렇게 한다"고 했지만 '아는 것'이
충분하고 체계적인 것인가를 생각해봐야 하지 않을까요? 저는
우리가 살고 있는 사회에 대해서 제대로 알고 있는 구성원은 많
지 않다고 생각합니다.

　　천정환　　 그렇게 말씀하시면 물론 인간은 이 세계에 대해
아는 게 거의 없습니다만, 봉건시대나 근대화 초기의 시대처럼
문맹의 상태에 있거나, 근로기준법이 있다는 거 자체를 아예 모
르는 민중이 대다수였던 그런 때는 아니지 않습니까?

　　홍세화　　 아주 쉬운 예로 전 세계 초등학교에서 사회 과
목을 가르치는데, 그런 과목부터 한국은 굉장히 이상하게 가르칩
니다. 우리가 살고 있는 사회가 자본주의 사회니까 자본주의를
제대로 가르쳐야 하는데 아니라는 거죠. 외려 자본주의연구회 같
은 걸 하면 국가보안법에 걸릴 정도잖아요. '사회적 존재로서의
자기'에 대한 인식 자체가 거의 텅 비어 있는 이런 곳에서 계몽을
얘기하는 게 과잉이 될 수 있을까요? 도저히 그 말을 이해하기

어렵습니다.

천정환   그 말씀에는 동감입니다. 이 사회는 노동자로서
또 보통의 평범한 사람으로서, 사회의 메커니즘과 그 속에서 살
아갈 윤리나 노하우는 가르치지 않고 막연히 '꿈'을 이뤄야 한다
거나 성공해야 한다고 가르칩니다. 그러나 개인들은 학교나 직장
을 다니면서 또는 다니려 노력하면서 곧 '꿈'이 헛되다는 건 알게
됩니다. 저는 개인들이 체제에 연루되고 또 그것을 벗어나면 절
벽인 상태를 만들어놓은 게, 인식보다 강한 굴레인 거 같습니다.
'노예'는 어렵지만 '준 노예 상태'는 안전한 거지요.

홍세화   인간은 생각하는 동물이라고 하지만, 실제로는
생각을 갖지 않고 태어난 우리가 세계 속에서 사유세계를 형성해
갑니다. 한국은 인간이 어떻게 사유를 형성해가는지에 대한 물
음 자체가 생략된 사회입니다. 이것이 제가 볼 때 핵심입니다. 가
정에서도 상호 대화가 없고 아이를 생각하는 인격적 주체로 대접
하는 게 아니라 소유물로 바라보고요. 학교에서도 마찬가지 인식
아래 주입식 암기 교육이 이루어집니다. 학생을 철저하게 사유하
는 인간으로 대접할 때라야, 글쓰기와 토론 수업이 있을 수 있을
텐데요.

'내'가 없는 학문이 어떻게 인문 사회과학인가? 먼저, 사
유체계에 대해서 스스로 질문하는 계기 자체가 완전히 생략되어
버린 사회라는 것을 말하고 싶고요. 그다음으로, 주입되는 의식

이 철저하게 지배체제에 의해서 기획된 것으로만 이루어지고 있는 사회, 그러니까 '선배 잘못 만나지' 않고는 그러한 주입된 의식에서 헤어나기 어려운 이 구조에 대해 말하고 싶습니다. 이런 것들이 근대성과 개인의 가치 문제, 정치적 주체 문제, 시민성의 문제에 다 결부되어 있다고 보는 겁니다.

천정환   선생님 생각은 자유주의와는 좀 다른 듯하네요. '개인이 되는 것'은 그 자체로 중요하지만 그것은 관계와 공동체 속에서 주체로 매개되기 위해서다, 계급과 정치의 문제는 논리적으로 개인과 즉각 동기화될 수 있다는 것. 그럼에도 대개 개인주의와 자유주의는 '개인이 될 것' 이상으로 사유를 확장하지 않는다는 말씀이고요.

홍세화   개인의 가치에 대한 무한한 존중의 의식이 있을 때 타자에 대한 존중도 있습니다. 그런 게 비어 있는 상태에서의 사회과학은 위험하죠. 사회과학에서 가장 중요한 문제는 결국 '권력'이잖아요. 그러니까 권력이 작용하는 가운데서도 타자에 대한 존중이 필요한데, 한국에서는 그런 것이 부족하지 싶습니다. 이것은 진보진영에서도 별 차이 없지 않을까요? 이를테면 어떤 스무 살 내외의 주체가 인간의 다양한 모습에 대한 학습이나 인식도 거의 없는 상황에서 사회과학을 접하면서 '의식화'됐다고 할 때, 그런 데서 오는 빈 부분이 있지 않나 싶은 거예요.

제가 잘 인용하는, 나오미 울프의 말 중에 이런 게 있습니다. "우리가 싸우는 과정 자체가 그 싸움을 통하여 획득하고자 하는 사회의 모습을 닮아야 한다." 저는 아나키즘에 대해 심정적으로 동조하는데, 제가 말하려고 하는 인문주의도 이와 통하는 측면을 갖고 있습니다. 물론 정치란 필연적으로 마키아벨리적인 것을 무시할 수 없죠. 이 모순적인 면을 제가 일단 '인문주의 정치 비평', 이렇게 말하고 있는 거죠. 좀 두루뭉술한 언술일 수 있는데, 그렇지만 인간과 정치 어느 쪽도 버릴 수 없으니까요.

공부 둘:
홍세화의 공부길

2014년 5월에 세월호 참사가 있은 지 얼마 안 돼서 인터뷰를 시작한 이래, 7월 21일 월요일 저녁 일산역으로 가서 홍세화 선생님을 만났다. 편집자와 함께 선생님 댁에서 저녁 식사와 '술한잔'하기로 한 날이었다. 선생님은 대우 쉐보레 소형 승용차를 전철역까지 몰고 나오셔서 우리를 댁으로 데려가셨다.

홍세화 선생님이 모는 차를 탄다는 것은, 뭔가 설레고 기대되는 일이 아닐 수 없었다. 왜냐? 그는 '택시운전사' 출신이 아닌가? 그것도 파리의. 그는 택시 기사로 몇 년간 일했다. 차에 대해 많이 아시겠어요, 여쭸더니 여느 때처럼 겸손한 어조로 차 정비에 대해서는 잘 모른다 하셨다. 하지만 기대대로 홍세화 선생님은 운전을 잘하셨다. 그것도 아주 과감하게 운전하는 편이셨다.

일산역 근처의 다세대주택 단지에 엘리베이터가 없는 집이었다. 30평은 채 안 돼 뵈는 집은 조촐했고 여름 초저녁이라 조금 더웠다. 집에 들어서면서 홍세화 선생님은 "독거노인 집입니다, 하하"라며 첫마디를 꺼내셨다. 홍세화 선생님은 그때 혼자 살고 있었다. 사모님이 아들딸을 만나러 몇 달간 프랑스에 가 계셨기 때문이다.

특히 서재가 궁금했다. 책은 기대보다는 많지 않았다. 귀국해서 사신 기간이 길지 않아서겠다. 책장에 아들딸 사진이 있어서 자연스레 프랑스에서 프랑스인으로 자라난 아들딸에 대한 이야기를 들었다. 영화배우처럼 잘생긴 아들과 어릴 때부터 몸이 약했다는 딸의 직업과 결혼에 대해 걱정하셨다.

우리가 집 안을 조금 돌아보는 동안 홍세화 선생님은 저녁상을 준비하셨다. 총각김치, 오이지 같은 몇 가지 밑반찬과 슈퍼마켓에서 사온 오리고기를 내놓으셨다. 와인 한 병과 담근 인삼주도 꺼내셨다. 인삼주가 꽤 진했다. 직접 담그신 거라 했다. 요리를 손수 해드신다 한다. 그리고 우리를 위해 오리고기를 구우셨다.

엉덩이 들기, 긴장하기

천정환　　담배도 피우시고 특별한 건강관리를 안 하시는 거 같은데, 무척 건강하신 것 같습니다. 뭐든 저보다 더 잘 드시는 같고요.(웃음) 무슨 비결이 있는지, 아니면 일상에서 실천하는 원칙이 있는지요?

홍세화   진보신당 당 대표 시절보단 건강이 좋아진 것 같습니다. '실천적인 모색'보다는 사변이 많았어요. 편두통이 심했습니다. 지금은 괜찮은데 건강을 위해 특별히 따로 뭘 하는 건 없고요. "엉덩이를 들자!"가 제 모토예요. "끊임없이 엉덩이를 들자!"

천정환   구체적으로 어떤 의미인지요?

홍세화   그러니까 이렇게 가만히 있을 때 그냥 스스로에게 명령하는 거죠. "엉덩이 들어!" 이렇게. 일어나서 청소도 하고 요리도 하고 빨래도 하고 설거지도 하고 집 안 정리도 하고 이런 거죠. 그러니까 축 처져서 있지 말고 움직이자. 그런데 사실은 때때로 멍하게 있기도 하죠.

아무튼 집 안에서 가정생활을 하는데 집 안 청소, 밥 짓는 거, 이런 건 제 몫이었습니다. 파리에 있을 때 제 처는 정규직이었고 저는 비정규직이었는데, 처가 저녁 7시에 일 끝나서 집에 오면 빨리 와야 7시 40분? 그런데 그런 사람한테 밥하라고 할 수 없잖아요? 그러니까 처 올 때쯤 해서 미리 밥해놓고. 그리고 또 아내가 일하느라 피곤하니까 밥 먹고 나서 설거지하는 것도 제가 하고 그랬지요. 생활에 있어서 당연한 그런 것이어서 지금도, 지금 혼자 있습니다만… 반찬도 만들고 그랬습니다.

천정환   최근에 어떤 반찬을 만드셨는지요?

홍세화   오이지를 담갔거든요. 물론 처한테 배운 거죠.

파리 가면서 이렇게 이렇게 담그는 거라고. 뭐 아주 간단하니까… 오이 사다가 소금물 끓여서 부으면 되니까.

천정환 요즘 요리하는 남자가 많아졌다 하지만, 한국에서 선생님 세대 남자들은 오이지 담글 줄 아는 분이 그리 많지 않을 듯합니다.

홍세화 사먹기도 많이 하고요. 제가 반찬하고 밥하고 이런 걸 즐기는 편이에요.

천정환 어떤 걸 잘하시는지?

홍세화 두부조림, 생선조림, 그다음에 마늘장아찌 담그고.

천정환 프랑스에서 살면서 익히게 되신 겁니까? 아니면 원래부터?

홍세화 원래 조금 좋아하는 편인데, 프랑스에 있을 때는 식사 준비하고 그래서 애들이 특히 저녁 식사를 제가 한 것을 다 좋아하고. 제 처가 들으면 동의하지 않으려고 하겠지만.

천정환 가사 중에서 제일 힘든 건 없으십니까? 저는 자취 생활을 좀 오래 했는데 장보기나 요리는 조금 했지만 다림질, 청소 같은 건 정말 영 몸에 안 붙더라고요.

홍세화 그런 거는 별로. 물론 집 안 정돈하고 이런 거야 뭐 그렇게 중요하진 않지만, 그냥 합니다.

천정환 그게 많이 다르신 것 같아요. 가사일 말씀을 쉽게 하시는데 선생님 세대 한국 남자들한테 잘 안 되거든요. 좀 놀랐습니다.

홍세화   그러니까 엉덩이를 안 들어서 그렇죠. 엉덩이를 들고 긴장해야 돼요.

천정환   사실 오늘날의 많은 '독거 (남성) 노인'은 어쩔 수 없이 스스로 가사노동을 하고 있을 거 같아요. 그런데 선생님께선 뭔가 몸에 익으신 듯합니다. 계속 식탁과 부엌 사이를 오가면서 젊은 우리한테 전혀 양보하지 않고 고기를 굽고 설거지를 하고 서빙까지 하시니… 정말 '긴장'입니다.

홍세화   그런데 우리가 '긴장'이라는 말을 오해하면 안 돼요. '긴'은 긴축할 때의 긴, 줄어듦이고, '장'은 신장, 확장할 때의 장, 늘어남입니다. 그런데 사람들은 긴장할 때 긴밖에 생각 안 한다는 얘기죠. 긴장이 긴과 장인데.

그러니까 진보세력도 바로 이 '장'의 결여가 있다고 저는 생각을 하죠. 진보의 미덕 중 하나가 기다림인데 그것이 너무 자기 세대의 자기 시간에 뭔가를 이루려고 하는, 그게 이제 사회과학하는 사람들의 오만성하고 연결된다고 저는 생각을 하죠. 사회과학하는 활동가도 그렇고 사회과학 공부하는 사람도 그렇고 사회를 대상화하고 변화시키는 주체로 자기를 자리매김하잖아요? 결국 사회를 대면하는 것까지는 좋은데 사회를 변화시키는 주체로 자신을 자리매김하는 데서 오는 오만성이 있고 그 오만성이 자기가 뭔가를 이루어야 된다는 자기세계분야 같은 것이 단기간에 뭔가 업적이랄까, 이런 것에 대한 강박이 있는 것 같아요.

가족 이야기

집에서 대화를 나누다보니 자연스레 가족 이야기가 그날 저녁의 주요 화제일 수밖에 없었다. 사모님이 7년 전 대장암으로 힘겹게 투병했던 일도 들려주셨다. 방사선 치료를 잘 받고 수술도 성공적으로 하여 완치 판정을 받으셨지만, 그사이에 암 환자들이 겪는 어려운 고통을 감내해야 했다.

그 말씀을 들으면서, 나는 새삼 몇 해 전 부모님이 돌아가신 과정과 그 과정에서 겪었던 어려움을 떠올릴 수밖에 없었다. 부모님의 투병 생활이 그리 길지도 않았고 형제들도 있어서 그 어려움은 치명적이라고 할 수는 없었다. 그럼에도 약 2년 몇 개월간 병원을 무시로 출입하면서 나는 엄청난 공부를 했다. 그리고 그 공부를 학교에서는 거의 가르쳐준 적이 없다는 것을 깨달았다. 세상의 거의 모든 사람이 언젠가 반드시 겪는 숙명, 즉 자기 자신이나 사랑하는 사람의 질병과 노사老死에 대해서 말이다. 그 과정에서 모든 인간은 불행과 우울과 싸워야 한다. 대통령이든, 재벌이든, 노동자든, 예술가든 예외가 없다.

이는 개별 인간이 죽음을 극복하는 실존적 문제이기도 하고, 사회적 문제이기도 하다. 이런 한국 같은 사회에서 가난하다면 늙고 병듦의 어려움은 배가된다. 어떤 이들은 자신이나 가족의 치료를 포기한다.

　　지금 젊어 건강하고 행복하더라도 미래에는 반드시 그런 일이 나와 가족의 미래에 닥쳐올 수밖에 없다. 이 숙명을 어떻게 인간적으로나 사회적으로 극복해야 하나? 이는 인간이 해야 할 궁극의 공부가 아닐 수 없다.

　　천정환　　저는 2004년과 2007년에 어머니와 아버지가 돌아가셨어요. 어머니가 비교적 이른 나이에 말기 암 판정을 받고 8개월 만에 돌아가셔서 상실감도 컸는데요. 덕분에 병원에 자주 다니고 또 장례를 치르면서 정말 인생 공부를 많이 했어요. 늙고 병들어 죽는 게 모든 존재의 숙명인데, 그 중요하고도 생생한 공부를 학교에서나 주변에서나 거의 가르쳐준 적이 없다는 것을 뒤늦게 깨달았고요. 또 사람마다 그 숙명을 겪는 방식이 같고도 다르다는 점도 생각했어요. 어떤 사람들은 너무 빨리 세상을 뜨기도 하고, 가난하거나 시간이 없어 병이나 사고에 대처하지 못하고요. 또 가족들은 거기서 얻는 아픔과 상처를 극복하는 데 어려움을 겪지요. 사모님의 암은 어떤 의미였는지요?

　　홍세화　　2010년 늦가을이었지요. 파리에 머물던 아내한테서 암 진단을 받았다는 얘기를 국제전화로 듣게 되었어요. 그냥 멍했습니다. 직장암이고 2기와 3기 사이라면서 치료 과정이 무척 힘들지만 완치될 수 있다고 프랑스 의사가 강조해서 말했다고 전하더군요. 그 순간부터 마음속에 완치 가능성을 꽉 움켜쥐었습니다. 아내가 잘못될 일은 절대 없을 것이라고 스스로 다짐했고, 괴롭고 힘들어하던 아내를 옆에서 지켜봐야 하는 일상이 그런 생각을 멀리하게 했던 것 같기도 합니다. 먼저 결정해야 할 일이 있었어요. 자식들이 있는 프랑스와 제가 있는 한국 중 어디서 치료를 받을 것인가였지요. 결국 방사선 치료, 수술, 항암 주사의 과정을 모두 서울대 병원에서 받게 됐습니다. 서울대 의대 교수 중에 고교 동창생이 있었는데 그는 교육방송(EBS)의 〈명의〉 프로그램에 대장암 전문가로 소개되기도 했습니다. 평소 동창회를 가까이 하지 않았는데 동창생이라는 명목으로 찾아가려니 멋쩍기도 했지만 지푸라기라도 잡아야 될 심정이었으니 그게 대수였겠습니까? 그 동창생의 도움을 크게 받았어요. 40여 년 전 교정에서 스친 뒤 처음 만났을 뿐인데도 친절히 맞아주었고 완치될 수 있다고 격려해주었어요. 직접 수술도 해주었고요.

　　완치된 지금 되돌아보니 아주 오래전의 일처럼 느껴집니다. 제 마음이 많이 약해졌던 시기이기도 했고요. 가장 힘들었던 건 항암 주사를 맞은 뒤의 일이었어요. 아내가 무척 고통스러워했어요. 그 고통을 나눠 가지고 싶을 만큼. 하지만 제가 할 수 있는 일이라곤 머리카락이 다 빠진 아내에게 "머리통이 참 잘생겼네"라고 말하는 게 고작이었지요. 자식들은 수술할 때 다녀갔고 사촌 여동생이 많이 도와주었어요. 항암 주사를 네 차례 맞았는데 그중 세 차례 응급실을 찾아가야 했는데 응급실에 침대가 부족한 거예요. 아내가 링거를 꽂은 채 휠체어에 앉아 밤을 보내기도 했는데 한겨레 후배가 우연히 지나가다 휠체어 뒤에 멀뚱히 서 있는 저를 봤어요. 그 두어 시간 뒤에 없던 침대가 나오는 겁니다. 그 후배가 서울의대에 출입하는 한겨레 기자에게 연락을 했던 거지요.

제 처의 암이 제게 무슨 의미였을까? 글쎄요… 처음부터 완치 외에 다른 생각을 하지 않아서인지 삶과 죽음에 관한 성찰의 계기가 된 것 같지는 않네요. 다만 아내가 겪는 고통을 '실은 내가 겪어야 하는데'라는 생각은 떠나지 않았어요.

천정환　　남민전에 가입했다는 사실을 부인에게 '당연히' 알리지 않았다고 들었습니다. 부인께서 그것 때문에 원망하는 마음이 있으시다고도…

홍세화　　남민전 때문에 이국 생활을 하고 인생이 다 바뀌었으니까… 그게 걸핏하면 나오는. 그건 때도 없이 필요하면 나오는 원망이죠. 항상 그리로 돌아가는.

천정환　　선생님의 '원죄' 같은 건가요?(웃음)

홍세화　　그건 거 같아요. 결혼해서 1주일 만에 군대 갔잖아요? 군대 갔다 오니까 딸이 세 살이고 그다음에 군대에 있는 동안에 '병장 때' 하루 외박했는데 그때 가진 게 아들이었거든요. 그렇게 애가 둘이었는데 이제 직장 생활 잘하리라고 기대했는데 그 상황에서 자기 모르게 남민전 들어가서 활동했다는 것에 대한… 도저히 용납할 수 없는 앙금 같은 게 있는 거 같아요.

천정환   결혼하실 때 사모님이 선생님의 정치적 지향에 대해 아셨겠지요?

홍세화   알았죠. 그리고 이미 평안하고 평범한 삶은 기대하지 말라고 얘기도 했지요. 미리 그렇게 얘기를 했는데도.

천정환   네… 그러나 아마 겪으신 게 평균적인 여성들이 겪을 수 있는 고난보다는 훨씬 강한 거고, 더군다나 외국에서 20년 동안이니까요.

홍세화   '사회생활 하다 보면 잘하겠지!' 이런 게 있었겠죠.

용기와 참여

천정환   세월호 참사 이후에 '가만히 있으라' 시위를 처음 제안했던 용혜인 씨를 비롯한 대학생들과 시민들은 평온한 일상과 또 약간의 기득권과 두려움을 떨치고 권력과 싸우려 나섰습니다. 자기 돈으로 박근혜 정부를 비판하는 티셔츠를 제작하고 배포한 30대 여성, 세종대왕상을 점거했던 신학대 학생들, 또 해직을 각오하고 청와대 게시판에 집단 서명하여 글을 써 올린 교사들이 특히 기억나고요. 또 촛불 집회가 시작되고 난 뒤에도 시민과 학생들이 헌신적으로 싸웠습니다. 몸을 던진 경우도 많고요.

그런 용기야말로 세상에 필요한 소금이고 특히 지금의 우리 사회에 필요한 것 같습니다. 선생님께서도 젊은 시절 미래가 보장되는 자리에서 나와 싸우셨는데, 그것이 어떻게 가능했었나요?

홍세화   저는 용기가 별로 없는 사람이에요. 용기라기보다는 어떤 실존적인 선택을 강요받은 그런 상황에서 '선택'했다고 얘기할 수밖에 없을 거 같아요. 이를테면 대학 때 제명당하게 된 선언문을 쓰는 것도 그렇고, 남민전에 참여한 문제도 그렇고, 어떤 상황 속에서 작게나마 어떻게든 대응해야 한다는 것 정도를 과연 '용기'라고 할 수 있을까요? 어쨌든 1970년대 당시의 그런 폭압적인 상황과 그런 사회 정치적인 환경에선 '저항할 것이냐 아니면 순응할 것이냐' 외엔 다른 선택지가 없었던 듯합니다. 그런 면에서 오늘날의 상황은 좀 다른 듯합니다. 물론 위험부담을 안아야 하지만 당장 목숨을 거는 건 아니니까요. 저는 스스로 용기가 있었다고 생각하지는 않아요. 그냥 상황에 순응할 수 없었던 거죠.

천정환   그게 바로 용기 아닌가요? 저는 학생들을 가르치는 사람으로서 항상 딜레마를 느낍니다. "(불이익을 감내하고라도) 불의와 부조리에 맞서 지금 싸워라"라고 말할 수도 없고, 옛날에 저희한테 어떤 어른들이 그랬듯 "지금은 꾹 참았다가 어른이 돼서 책임 있는 자리에 가서 할 수 있는 일을 해라" 이렇게 말할 수도 없으니까요. 물론 저 자신도 늘 '타협'하면서 살고요.

홍세화　저는 제 자신에게 늘 '소박한 자유인이 되자'는 얘기를 합니다. 안정되고 유복한 쁘띠 부르주아적 삶에 대하여 저는 20대 초부터 어떤 오기 같은 거를 부려왔어요. 그런 안온한 삶은 너무 뻔해, 그런 삶은 살았다고 치자, 이런 식의 태도를 갖고 있습니다.(웃음)

천정환　살아보지도 않고 20대가 어떻게 이미 '그런 삶'을 알 수 있어요?

홍세화　그러니까 오기고, 어떤 면에서 오만함이죠. 편안한 가정에서 자식 키우는 안락함이나 소시민적 쾌락, 이런 것에 대해 이미 거부하는 생각이었어요. 사회에서 어떻게든 내 삶의 의미와 보람을 느끼게 하는 작은 일을 할 수 있어야 하고, 생존 조건을 확보하는 건 그다음이라 봤어요. 그렇게 생각해야 학살과 빈곤과 비인간적인 상황이 가득한 '가해자의 땅' 한국에서 뭐라도 할 수 있지 않겠어요? 지금도 같은 생각입니다.

홍세화를 처음 이 나라에서 유명하게 만든 책 《나는 빠리의 택시운전사》에는 스무 살 대학생이던 홍세화가 겪고 생각한 원체험이 문학적으로 묘사돼 있다.

나의 방황은 실존을 요구했다. (…) 나는 표류하다가 아주 작은 섬을 만나 그곳에 갇힌 사람처럼 되었다. 파도는 계속 밀려들어왔다. 작은 바위섬에 부딪힌 파도는 폭포가 되기도 했고 물안개가 되기도 했다. 그 파편이 온몸을 적셨고 얼굴을 때렸다. 꼼짝하지 않았고 꼼짝할 수도 없었다. 장난도 칠 수 없었다. 갇혀 있었다. 아주 오랫동안 갇혀 있었다. 바닷물은 바로 내 발밑까지 왔다. 그러나 두렵지 않았다. 갇혀 있었으나, 아주 오랫동안 갇혀 있었으나 그리고 추위에 벌벌 떨고 있었으나, 나는 희열을 맛보고 있었다. (…) 내 몸은 머리끝에서 발끝까지 온통 젖었다. 희열의 눈물은 얼굴에서 그리고 온몸에서 흘러내렸다. 나는 노래를 불렀다. 소리 질러 큰 소리로 이 노래 저 노래를 불렀다. 고함을 치기도 했다. "민화야!" 하고 외치기도 했다. 소리가 파도소리에 씻겨 잘 들리지 않아도 나는 목이 터져라 소리를 질러댔다. 드디어 물이 빠지기 시작했다. 그리고 내가 갇혀 있던 섬이 다시 육지가 되었다. 나는 해방되었다. 뛰었다. 희열에 젖은 몸으로 뛰었다. 육지였던 곳까지 뛰었다가 다시 섬이었던 곳으로 뛰었다. 신나게 왔다 갔다 하며 뛰었다. 나는 그가 되었고 그는 내가 되었다. 나는 그였고 그는 나였다. 드디어 나는 하나가 되었다. 독자는 이제 알 수 있을 것이다. 동대문시장에서 두려움에 떨며 애드벌룬을 들고 가던 내가 어떻게 그 두려움에서 해방될 수 있었던가를.(《나는 빠리의 택시운전사》, pp.278~279)

'민화(민족평화)'는 '세화(세계평화)'의 동생이다. 아주 어린 나이에 한국전쟁 통에 죽었다. 20대의 홍세화는 전쟁과 학살에 얽힌 가족사와 젊은 날의 실존적 고뇌를 아프게 겪었고 그것을 이겨내자, 죽음 충동을 벗어나 삶 자체를 맞대면할 용기를 얻었다는 것이다. 그 용기는 1970년대 후반의 상황에서 '남조선민족해방전선(남민전)'의 '전사'가 되는 일마저도 가능하게 했다.

천정환   《나는 빠리의 택시운전사》에서 "남민전의 '전사'가 되었다"는 표현도 나오던데, 사실 '남조선'이라는 말은 지금도 발화되지 않고 기피되는 용어잖아요? 당시 남민전에 가입한다는 건 거의 바로 목숨을 거는 일이었을 텐데요.

홍세화   공대 갔다가 뒤늦게 문리대 들어가서 항상 학생운동 주변에만 있었어요. 앞에 나서고 리더가 되고 하는 그릇이 못 되는 사람인데 1972년도에 유신이 선포되고 앞에서 운동하던 학생들이 거의 다 끌려가서 대학가는 그 엄중한 분위기 속에서 어떤 기미도 보이지 않고 그냥 죽어 있는 상태나 마찬가지였어요. 정말 견디기 어려웠죠. 군대 갔다 온 뒤였는데 제 고교 동창인 박석률• 씨한테 아주 자연스럽고 너무나 당연하게 설득됐어요.

•   1974년 민청학련사건에 관련되어 옥살이. 남민전에서 홍세화 등과 함께 활동하다 무기징역을 선고받았고 1988년 출감 이후 한국진보연대, 6.15공동선언실천남측위원회, 민주화운동정신계승 국민연대, 사월혁명회, 평화와 통일을 사랑하는 사람들 등에서 민족, 민주, 통일운동을 계속하고 있다.

하루는 남민전 깃발을 우연히 보게 되었는데, 그게 인혁당 사건으로 죽은 사람들이 남긴 수의로 만든 거였어요. 결국 남민전에 가입하기로 결정했습니다. '이러다가 잡히면…' 이런 생각을 왜 안 했겠어요? 당연히 했죠. 하지만 '그래도 해야 된다'는 생각에 더 끌렸던 거죠. 그런데 그것도 저는 '용기'라고 생각지는 않아요.

천정환　'용기'가 아니면 뭐라고 불러야 되나요?

홍세화　글쎄요. 그냥 '상황의 부름에 응답했다'는 정도의 표현이 맞는 것 같아요. 진보신당 당 대표로 나갈 때도 그런 감흥이었어요. 전혀 깜냥도 안 되고 뭐 정치적인 자질도 없는 사람인데, 그런 응답의 차원에서 대표직까지 맡게 되었죠.

천정환　그러게요. 2011~2012년에 진보신당의 대표직을 맡으셨는데 아무리 작은 당이라고는 해도, 주로 글과 말로 살고 싸우는 지식인이 정당의 대표를 맡는 일은 흔하지는 않죠. 지식인이라는 존재는 정치인과는 체질 자체가 다르지 않나요? 그들은 평균적인 사람들보다 더 윤리적인 척하지만 훨씬 더 관념적이며, 말과 생각은 성盛하지만 몸이 굼뜨지요. 게다가 흔히 수줍고 소심하며 약하죠. 평균적인 존재보다 더 친화력이 좋고 뻔뻔하며 나서기 좋아하는 강한 존재들이 해내는 '현실정치'에는 '안 맞다'는 뜻인데요.

그래서 항상 선생님께 궁금했습니다. 상황의 부름에 제대로 응답하기 위해서는 어떤 조건이 마련돼야 하잖아요? 2008년 총선에서는 비례대표 출마를 주변에서 많이 권고했는데 그때는 사양했고 또 가족들도 만류했다는 이야기를 들었습니다. 2011년에는 어떻게 당 대표에 출마하셨습니까?

홍세화　2008년에는 진보신당 안에 그래도 사람들이 있었어요. 또 그 기운이란 게 소멸될 그런 게 아니었죠. 그러다가 대표단의 노회찬, 심상정, 조승수 같은 분들이라든지, 또 당에서 핵심적으로 일했던 사람들이 다 빠져나간 게 2011년 상황이었어요. 그때도 일종의 자존심과 오기 같은 게 작동했어요. 한국 사회에서 진보신당 당원이 된다는 것이 갖는 역사적 과정이 있고 또 그런 개인들이 지닌 의미가 그렇게 경시될 수는 없다는 생각이 들었습니다.

자유와 오기

천정환　언제나 자유와 오기가 동시에 '문제'네요.(웃음)

홍세화　하하하. 그러니까 한편으로 제가 스스로 자주 합니다만 "내 삶에 대한 최종 평가자는 나 자신이다"라는 태도가 기본으로 있는 거고요. 그리고 저는 근본적인radical 것에 대한 어떤 지향이나 친화력이 있는 거 같아요. 래디컬이라는 극단적인 것extreme과는 좀 다른 거잖아요? 그러니까 근본적인 문제에 대해 더 깊이 천착하려고 하는 태도.

천정환　　그것이 바로 '진보' 근처에 살게 된 이유와 관계있을 것 같습니다. '래디컬'이란 어떤 것인가요? 사전적으로는 '근본적인 것' 또는 '급진적인 것'이란 뜻을 갖는데요.

홍세화　　네, 그 얘기를 해야 할 거 같아요. 제가 근본적이고 인간의 어떤 깊은 뿌리에 대해 천착하게 된 계기 같은 거요. 1970년 11월에 전태일의 죽음이 있었던 뒤에 1971년도부터 서울대 문리대나 일각에서 이념적인 운동서클이 아주 작은 단위로 시작돼요. 학생운동 자체에 전태일의 죽음이 획기적인 계기였던 셈인데, 그전까지 '민주화' 정도만 이야기하던 운동이 사회주의 이념 같은 것에 다가가게 만들었어요.

　　그 당시에 우리가 볼 수 있었던 책이란 게 해방공간에 나왔던 구닥다리 같은 책들이 좀 있었고, 그다음에는 일어를 공부한 친구들이 이와나미 서점에서 나온 책을 개인적으로 번역한 것들이 있었죠. 마르크스의 《공산당선언》이라든지 마오쩌둥의 《모순론》, 《실천론》 같은 걸 대학노트에 깨알같이 번역해놓고 돌려보고 그랬죠. 복사기도 없던 시절이었으니까. 그러한 문건을 가지고 일고여덟 명이 토론하는 식이었어요.

　　그런데 사실 저는 그때 정서적으로 운동서클의 분위기에 몰입하기가 어려웠어요. 왜 그랬을까? 나중에야 제 스스로의 질문에 대해 어떤 생각을 차츰 가지게 됐습니다. 우리가 흔히 '의식화'라는 말을 쓰는데, 이 말 자체가 갖는 함정, '의식이 다가 아니다'라는 생각을 하게 된 건데요. 이른바 '의식'보다는 인간의 '인격'이나 '품성' '정서' '결' 같은 것들이 중요하고, 본디 인간으로서 갖는 긍정적인 이것들을 지배이념에 의한 억압이나 왜곡에서 해방시켜주는 것이 더 중요하다는 겁니다. 우리가 말해야 하는 의식화는 이 지점에서 작용하는 것 아닐까요?

저를 포함해서 학생운동 서클에 있는 학생들은 당시로서는 대단한 엘리트층에 속했고, 스스로도 선민의식 비슷한 것을 가지고 있었어요. 그 자리에서 바로 드러나지는 않았지만, 분명 권력욕이나 현시욕 또는 인정욕망 같은 것이 유달리 있다는 것이 감지되었습니다. 저는 그런 것에 의구심이 있었던 거죠. 실제로 흥미로운 것은 제가 그 시절의 운동권 사람들과 30년 정도의 단절이 있었잖아요? 그 사람들이 지금 어디에 있는지를 보면… 그 당시에 그들이 뭘 얘기했는지는 그리 중요한 것 같지 않아요. 명확하고 열띤 말들은 흔적이 없고, 그보다는 오히려 당시 막연하게 느꼈던 정서적인 부분이 솔직하게 드러나는 것 같아요.

천정환　　30년이면 인간이 좀 변해도 될 만한 시간 아닌가요?(웃음)

홍세화　　글쎄요. 그렇겠죠. 제 경우가 좀 다를 수밖에 없다고 보는 것이 맞을 겁니다. 저는 프랑스에 간 게 30대 초여서 한국 사회에서 나이 먹는 경험을 해보지 못했어요. 지위와 신분이 달라지면서 몸에 배고 익숙해지는 그런 것들…. 하지만 그렇기 때문에 한국 사회를 '바깥'에서 볼 수 있게 된 면도 있을 거예요.

이를테면 고등학교 동기나 대학 동기를 오랜만에 만나잖아요? 그러면 동기인데 엄청난 선배로 느껴져요. 속으로 '쟤는 동기야, 동기!' 하고 되뇌어야 한다니까요.(웃음) 폼이라든지 말투, 잔뜩 힘이 들어간 목. 한국 사회의 어떤 지위와 신분이 그런 것들을 몸에 배도록 했을 겁니다.

난 남아 있는데, 되돌아보면 가장 '주변'에 있었고 별 능력도 안 되었던 나는 어쨌든 남아 있는데….

물론 20대 때부터 엘리트 의식이나 1등 의식을 스스로의 의지로 좀 죽여야 한다는 생각을 하고 있었죠. 하지만 그렇다 하더라도 한국에 계속 있었더라면 그것이 소멸되는 것은 대단히 어려운 일이었을 겁니다. 20년 이상을 지낸 프랑스라는 환경이 젊은 시절의 생각을 그대로 가지고 갈 수 있게끔 한 것 같아요.

'싸가지'와 지행합일

홍세화는 경기고와 서울대를 다닌 1960~1970년대 한국 교육체제의 '초엘리트'다. 그런 그가 본의 아니게 한국 땅에서 완전히 격절된 망명자의 삶을 살면서, 권위적이고 권력지향적인 한국 남성 엘리트의 태도나 습성을 익히지 않을 수 있었다. 홍세화를 여러 번 만나면서, 그가 '보통의' 한국 남자 노인뿐 아니라 엘리트 학생운동 출신의 소위 '진보좌파'의 일반적인 정서나 품성과도 다른 면을 갖고 있다고 느꼈다. 물론 이것은 외롭고 가난하며 아무런 사회자본이 없는 망명자의 삶이 길러준 것일 수도 있겠으나, 그것이 그의 몸에 밴 삶의 태도이자 '사상'이라는 것도 알게 됐다. 성찰적이고 염결廉潔하고자 하며, '인간에 대한 예의', 속된 말로 '싸가지'를 무척 중시하는 사람이었다.

윤리의 문제는 중요하고 또 어렵다. 1970~1980년대 민중지향적 운동을 경험했던 진보 지식인 또는 이 사회에서 운 좋게 엘리트로 길러진 486과 586은 과연 '윤리적'인가? 지행합일이나 평소의 '품성'에 관한 '안 좋은 사례'들을 너무나 많이 보고 들어왔다. 쓰는 글이나 대외적인 이미지와는 너무 다른 행동들, 이를테면 노동자 착취, 노조 파괴, 성희롱 그리고 개인적인 차원의 권위주의와 '싸가지'에 대해 말이다.

언론학자 강준만은 2014년 여름 '진보 싸가지론'을 제기해서 논쟁과 화제를 불러왔다. 이는 다양한 맥락으로 수용되었는데, 홍세화와 이 이야기를 두 가지 각도에서 해보았다. 하나는 한국 진보진영 일반의 집합적 윤리에 관한 것이고, 다른 한 축은 개인 윤리로서의 품성(싸가지)과 관련된 것이다.

홍세화는 품성이 '지행합일'의 핵심이라 생각하는 쪽이었다. 또 이 문제는 어떻게 살까? 같은 정말 근본적인 문제와 떨어진 것이 아니라 본다. 이런 차원의 '지행합일' 문제와 관련해 홍세화는 유년 시절에 자기를 길러준 외할아버지로부터 들은 이야기를 꺼냈다. 《나는 빠리의 택시운전사》 285쪽에도 나오는 이야기다.

옛날에 서당선생이 삼 형제를 가르쳤겠다. 어느 날 서당선생이 삼 형제에게 차례대로 장래희망을 말해보라고 했겠다. 맏형이 말하기를 "저는 커서 정승이 되고 싶습니다"라고 하니 선생이 아주 흡족한 표정으로 "그럼 그렇지" 하고 칭찬했겠다. 둘째 형이 말하기를 "저는 커서 장군이 되고 싶습니다"라고 했겠다. 이 말에 서당선생은 역시 흡족한 표정을 짓고 "그럼 그렇지, 사내대장부는 포부가 커야지" 했겠다. 막내에게 물으니 잠깐 생각하더니 "저는 장래희망은 그만두고 개똥 세 개가 있었으면 좋겠습니다" 했겠다. 표정이 언짢아진 서당선생이 "그건 왜?" 하고 당연히 물을 수밖에. 막내가 말하기를 "저보다도 글 읽기를 싫어하는 맏형이 정승이 되겠다고 큰소리를 치니 개똥 한 개를 먹이고 싶고, 또 저보다도 겁쟁이인 둘째 형이 장군이 되겠다고 큰소리치니 또 개똥 한 개를 먹이고 싶고…" 여기까지 말한 막내가 우물쭈물하니 서당선생이 일그러진 얼굴로 버럭 소리를 질렀겠다. "그럼 마지막 한 개는?" 하고.(《나는 빠리의 택시운전사》, p.285)

마지막 개똥 한 개는 자질 없는 형들을 격려한 서당선생에

게 먹이고 싶다는 것인데, 막내는 선생의 서슬이 두려워 말을 하
지 못한다. 홍세화의 외할아버지는 이야기 끝에 다음과 같이 당
부했다고 한다.

"세화야, 네가 앞으로 그 말을 못 하게 되면 세 번째 개똥
은 네 차지라는 것을 잊지 말거라."

이야기 속에서 첫째는 관료, 둘째는 군인을 나타낸다. 그
리고 막내는 객관적인 위치에서 그들을 비판하는 자, 즉 지식인
을 상징한다. 해야 할 말을 하지 못하는 지식인은 비판을 받아야
한다는 교훈이 담겨 있다.

인간-지식인은 비판과 말로써 지행합일을 이룬다. 여기에
대해 홍세화는 "커가면서 세 번째 개똥을 내가 먹어야 한다"는 것
을 자주 인정해야 했다. 그런데 홍세화는 여기서 한 걸음 더 나아
가 약간 다른 이야기를 했다. 저 동화적인 이야기 속에서 막내와
자신을 자연스레 동일시한 것에 대해 성찰한다는 것이다.

홍세화   제 삶의 여러 단계에서 외할아버지에게 들었던
이야기를 끊임없이 떠올렸습니다. 세 번째 개똥만 생각하고 어떻
게든 개똥을 안 먹으려고 했고, 적어도 덜 먹으려고 했어요. 그랬
는데 언젠가 '아, 내가 처음부터 막내하고만 동일시를 하고 있었
구나!' 하는 걸 깨달았어요.

천정환   저는 그 개똥 이야기가 한국에서 지식인이 된

사람으로서 받아들여야 하는 어떤 고약한 운명에 대해 말하는 것
이라고 생각했거든요.

홍세화　　예, 물론이죠. 그러니까 침묵하고 제대로 발언
하지 않는 것에 대해서 끊임없이 고민하며 천착했던 거예요. 세
번째 개똥을 어떻게 하면 덜 먹을까, 늘 스스로 주문하고 긴장할
수밖에 없었습니다.

　　다만 어느 날 문득 왜 나는 셋째하고만 동일시를 했는가,
한 거죠. 첫째와 둘째도 어쨌든 타자화하고 경멸해선 안 되고, 그
자리에 나도 세워서 성찰해야 하지 않는가. 과연 나는 공부를 열
심히 하고 있는가. 나는 갑이 많지 않은가.

천정환　　재미있고도 어려운데요. 이를테면 선생님께서
서울대 공대를 관두고 외교학과에 진학했을 때 사실은 '첫째(재
상)'가 되겠다고 한 거잖아요? 하지만 그 자리를 뛰쳐나가 주변
인의 자리를 소명으로 받아들인 거였고요. 그런데 이제는 다시
첫째나 둘째가 될 수 있어야 하고, 그걸 공부나 자격 문제로 바꾸
시는 건데요.

홍세화　　아니, 좀 오해할 만한데…. 그러니까 막내가 그
러잖아요? 큰형은 나보다 책 읽기를 싫어하고 둘째 형은 나보다
용기가 없다고. 그런데 이런 질문인 거예요. 나는 과연 형들에
비해 공부를 더 열심히 하고 용기가 더 많다고 말할 수 있는 막
내인가?

천정환　　　그러니까 궁극의 성찰의 문제네요. 성찰은 지
식인의 일만은 아닌데, 우리는 너무나 '뻔뻔한' 시대를 살고 있는
듯합니다. 이명박, 박근혜나 트럼프가 그렇고요.

어쨌든 선생님의 경우엔 주어진 상황과 가장 열심히 교호
하고 어떤 부름에 응하려는 자세 그리고 어릴 때부터의 가르침
을 지키려는 자세 때문에 아마 남민전에도 가입하고 망명자가
됐다가 진보정당 대표의 자리까지 가게 되셨던 거 같습니다. 그
런 걸 순진성이라 부를 수 있을 텐데요. 순진·순수한 사람은 인
생의 과정에서 어떤 비약점을 맞게 되고 또 고생도 하게 되는 거
같습니다.

진보의 새로운 표상과 똘레랑스

망명자 홍세화는 1995년 《나는 빠리의 택시운전사》를 통
해 조국으로 돌아온 셈이었다. 그러나 아직 몸은 돌아오지 못하고
'말'이 먼저 돌아왔다. 그의 사연과 생각이 국내에 소개됐고, 그의
글은 순식간에 독자들을 끌었다. 《나는 빠리의 택시운전사》는 곧
30만 부 이상이 팔린 베스트셀러가 되고 홍세화는 활발한 문필
활동을 펴 새로운 진보 언론인으로 떠올랐다.

그러나 그가 1990년대 중반 《나는 빠리의 택시운전사》로
가져다준 것은 남민전의 사상은 아니었다. 책은 파리에서의 경험

과 회상 등으로 이뤄진 에세이집인데, 서문에서부터 좀 '달달한' 문체에 여행자를 위한 팁과 파리의 명소 사진 등도 싣고 있어 마치 파리 여행안내서 같은 느낌도 준다. 아마 편집자는 '파리와 망명객'에 뭔가 '고독'과 '낭만' 같은 것을 불어넣고 싶었던 것으로 보인다.

《나는 빠리의 택시운전사》 같은 책이 그렇게 많이 읽힐 수 있었던 데는 몇 가지 '시대의 맥락'이 있었던 것으로 보인다. 그리고 이는 각각 《네 무덤에 침을 뱉으마》 《당신들의 대한민국》이라는 상징적인 제목의 책으로 등장한 독일 유학생 진중권이나 귀화한 러시아인 박노자가 1990년대 말에 지식계의 새로운 대표처럼 등장한 맥락과도 다르지 않아 보인다.

첫째, 그것은 1990년대 중후반의 해외여행과 유학(어학연수)의 대중화에 따른 '이국 취향'의 확산과 유관한 것이라 보인다. 하지만 그것은 '정치적' 이국 취향이며, 90년대식 한국의 '자유-민주화'와 복합적으로 연관된다. 홍세화의 글에서 프랑스 사회는 근대성, 합리성 그리고 진보성의 어떤 모델로 나타났다. 즉 그것은 '진보'에 관한 참조점이었다. 이는 말끝마다 '선진국에서는'을 운운한 지배 담론과 유사한 면도 갖고 있었는데, 선진국 담론은 한편 한국 사회의 '후진적' 상황에 대한 비판적 인식을 내재하지만, 다른 한편 서구중심주의나 강대국 콤플렉스를 기반으로 한 것이었다.

홍세화의 프랑스는 평등과 사회주의 그리고 '똘레랑스'의 나라였다. '똘레랑스'는 곧 중고생들도 다 아는 유행어처럼 될 정도였다. 1995년은 마침 유네스코가 정한 '똘레랑스의 해'였다.

"다른 남을 그대로 인정하는 것."
"나는 당신의 견해에 반대한다. 그러나 나는 당신의 말할 권리를 목숨을 다해 지키겠다."

이와 같은 명제는 여전히 반공주의, 지역주의 그리고 극우적 가부장제가 사회를 지배하던 한국 사회에서의 현실을 환기하고 상대할 수 있어 의의를 가진 것이었다. 물론 다원주의나 자유주의의 표어로 얼마든지 인용될 수 있는 것이기도 했다.

1997년 〈르몽드〉에 실린 기사 묶음인 〈진보는 죽은 사상인가〉를 번역하고 1999년 문화비평 에세이 《쎄느강은 좌우를 나누고 한강은 남북을 가른다》를 발간했다. 2000년에는 잡지 〈아웃사이더〉의 편집위원이 됐다. 이 잡지는 당시의 언론 개혁 및 안티조선 운동을 배경으로 해서 나온 잡지인데, 창간사에서 "한국 지식인의 가장 중요한 임무가 극우 집단주의와 싸우는 일"이라 주장하고 "상식이 통하는 세상"을 만들기 위해 극우 집단주의의 "본산이자 결정체"인 〈조선일보〉와 싸우겠다고 선언했다.•

그러다 홍세화는 드디어 2002년 1월에 영구 귀국했다. 그리고 2월부터 기획위원으로 〈한겨레〉에 다니게 됐고 3월에는 민주노동당에 가입했다. 약 20년에 걸친 망명 생활을 완전히 종료하고, 50대의 중년이 되어, 참여적 지식인이자 언론인으로서 한국 땅에 돌아온 것이다. 그로부터 15년 가까운 시간 동안 홍세화는 대표적인 '진보 지식인'의 한 사람으로서 활동했다. 그 정점은 2011년부터 2012년 가을까지 1년 여간 진보신당의 대표로서 활동한 것이었다.••

귀국한 뒤부터 지금껏 홍세화가 한 공적인 일들은 대략 세 가지로 나뉜다. 첫째는 언론과 저술 활동, 둘째는 시민·사회단체 활동, 셋째는 민주노동당, 진보신당, 노동당 정당 활동이다. 세 가지 활동을 일관되게 관류하는 것은 한국 사회의 '진보'를 위한

•   이 같은 진보 담론은, 민주화를 이뤄내고 두 차례 연속 '민주정부'가 집권할 수 있는 시민사회의 두터움을 가졌음에도 언제든(지금 보는 것처럼) 극우 세력의 힘이 막강하고 사회가 '후퇴'하여 파시즘화할 수 있다는 공포 때문에, '시민적' 입각점으로 수용되었다. 이제 청년·학생들은 80년대식 사회과학 서적과 마르크스·레닌·김일성의 책은 거들떠보지도 않았지만 홍세화, 진중권, 박노자, 그리고 강준만 등의 책을 읽으면서 '진보'의 논리와 입장을 알게 되었다. 이처럼 1990년대 이후 인문 사회과학적 교양과 책 읽기는 여성주의와 생태주의를 주요 내용으로 하는 '신사회운동'과 대중문화와 일상에서의 '문화정치'에 주목하는 문화주의 그리고 언론개혁운동과 연관된 맥락 하에서 재구성되었다(천정환, 《시대의 말, 욕망의 문장》, 2014).

•• 한국의 진보정당 운동은 2007년 권영길 후보 출마 이후의 대선 국면에서의 분란을 거쳐 2008년 소위 일심회 사건을 계기로 터진 NL 대 PD의 대결 때문에 크게 달라졌다. 원래 민주노동당의 주창자였던 PD계열은 울산연합, 경기동부연합 등의 NL계에게 당을 빼앗기다시피 하고 탈당하고 나와 진보신당을 급히 창당하고 2008년 총선에 임했다.

것이고, 그 방법론은 홍세화 특유의 방법과 인식에 기댄 것이다.

　세 가지 활동 중에서, '장발장 은행'이나 가장자리의 공부 모임에 관해 그랬듯 두 번째에 관해 묻고 답할 때 홍세화의 표정은 가장 밝았다. 첫 번째는 비교적 덤덤했고 주제에 따라 달랐다. 읽고 쓰는 것은 그의 '일상'에 가까운 것이었기 때문이리라. 반면 세 번째에 관한 것을 물었을 때 그는 가장 난처해하거나 표정이 어두워졌다. 나 또한 진보정당 운동에 관해 관심이 많았기 때문에, 질문하고 싶은 게 많았다. 시종 그는 당 대표를 한 것이 '자기한테 맞지 않는 일'이라 표현했다.

　나아가 나와 대화를 나눈 2년 남짓 시간이 지나는 동안, 남 진보정당 운동에 관한 그의 생각은 좀 변하기도 한 것 같다. 그리고 적어도 이 문제에 관한 한, 그는 누군가들을 매우 미워하거나 동시에 자기를 질책하고, 섭섭해하고 또 아쉬워하고, 또 '허무'나 '비관'에 빠지기도 하는 듯했다. 그는 뭔가 상처를 받은 것 같았다.

마음공부와 '몸자리'

천정환　　1년 가까이 구원투수처럼 선생님이 진보신당 당 대표를 하시고 2012년 가을에 물러나시고 그 뒤로는 가장자리를 만드시는데요. 돌아보면 어떠신지요?

홍세화   제가 그런 표현을 좋아하는데요. 사람의 삶이라는 게 결국 '몸자리의 궤적'인데….

천정환   몸자리요?

홍세화   네, 몸자리. 몸이 놓여 있는 자리죠. 그러니까 의지로 자기 몸을 놓는 자리와 처지에 의해 놓이는 자리… 저는 사람의 삶이 능동적으로 자신을 놓는 자리하고 어떤 처지에 의해서 수동적으로 놓이는 자리 사이의 유기적 관계라고 생각해요. 그러니까 삶의 과정 속에서 어떤 선택지가 있고 또 의지의 문제로 어떤 상황에 놓이기도 하는데요. 진보신당 당 대표로 되는 그때의 몸자리는 제 의지로 옮긴 셈이긴 한데 상황과 관련돼서.

아무튼 진보신당 들어가면서 한국의 진보운동, 사회운동, 노동운동에 대해서 신문사에 있을 때보다 훨씬 더 구체적으로 속살을 보고 공부하게 된 그런 면이 있었죠. 그렇게 해서 제가 나름대로 판단한 것이 기존에 생각해왔던 학습의 문제나 '민중의 집' 같은 공간의 문제였어요. 같이 생활할 수 있고 또 같이 놀고 같이 학습하고, 어떤 문화적인 그런 공감대를 형성할 수 있는 그런 공간을 확보하는 것이 중요하다고 판단한 거죠.

그래서 결국 또 저의 그 선택에 의해서 좀더 우리의 속살에 대한 인식을 하게 되고 거기서 어떤 필요성이 있는가를 또 검토하고 제가 할 수 있는 일을 선택한 것이 바로 '가장자리 협동조합'이었던 거겠죠.

물론 또 계속 그 과정 속에서 부딪치는 문제들이 있고 또 새로운 문제들이 있지만, 끊임없이 고마워할 수밖에 없는 그런 게 아닌가 싶습니다.

천정환   당 대표에서 물러나신 뒤 6개월 정도 준비를 해서 2013년 3월에 '가장자리'가 모습을 나타내게 됐고 정당에서의 활동과 진보신당의 실패가 오히려 정당운동과는 꽤 거리가 있는 '공부'나 장발장 은행 활동으로 다시 이어졌다는 이야기는 흥미롭고 좀 교훈적입니다. 한편으로는 단기간에 우리 진보정당 운동이나 정세가 바뀌지 않는다는 판단인 것이고, 동시에 지식인이 할 수 있는 일이란 결국 그런 것이라는 생각도 듭니다.

선생님은 진보 지식인으로서 한국 사회의 근본 개혁을 위해 헌신하셨는데요, 저는 운이 좋아 대학에서 밥을 벌어먹고는 있지만, 진보 지식인의 '몸자리'가 어디여야 하는지요? 한국 같은 사회에서 참 어렵습니다. 과연 오늘날 지식인이 어떻게 살아야 될 것인가? 이런 문제하고 연관이 되는 것 같은데요.

홍세화   글쎄요. 노상 하는 얘기지만 우선 제 자리에서, 그냥 제가 선택하는 몸자리에서, 이미 선택했다면 선택한 자리에서 할 수 있는 일, 제 역량에 맞는 일, 그걸 해야죠. 그 과정에서 또 문제가 발생하고 이러면 다시 새로 몸자리를 찾을 수도 있고 새롭게 모색할 수도 있고 끊임없이 그렇게 해나가야겠죠. 또 항상 저는 생각의 문도 열려 있어야 되고 제 몸자리에 대한 선택도 항상 고정될 수는 없는 거고, 열려 있다고 생각합니다. 그러니까 선험적으로 어떤 목표, 이런 것이 따로 있다고 보지 않습니다. 어떤 몸자리에서 제가 할 수 있는 바 역량을 다하고 그것이 또 어떤 장벽이나 상처 같은 데 부딪히면 다시 몸자리를 찾아내고 또 그 자리에서 최선을 다하려고 해야죠. 뭐 이런 '과정의 중요성'이랄까요. 그런 과정에서 되도록, 어차피 부족한 존재니까 어떻게 상처를 통하여 조금은 더 좋게 달라지는 자신을 형성하도록 추구해야죠. 그건 그야말로 나라는 존재를 어떻게 지우고 나아갈 것인가에 대한 직면이죠. 그건 끝없는 과정이고요.

천정환   좀 추상적인데요. 이 나라에선 양심을 온전히 지키면서 살기가 너무 어렵습니다. 그리고 실제로 진보운동이나 사회운동에 헌신하는 많은 활동가들은 다른 사회적인 보상, 소위 출세나 돈은 물론 평범한 행복까지 다 희생하고 살아갑니다. 나이가 들어도 고생은 고생대로 하고, 마음고생, 몸고생은 물론 가족으로부터 고립되기도 하고 이런 상황들이 계속 펼쳐지는 것.

홍세화   그렇죠. 그런 모습들이 참 안타깝고 그 점에서 저는 운이 좋은 사람이죠. 그러니까 그것이 제가 "《나는 빠리의 택시운전사》가 없었더라면 세느강에서 소멸했을 존재의 자리에서 글을 쓰고자 한다"라는 말을 하게 된 배경이기도 하죠. 사실 과연 《나는 빠리의 택시운전사》가 없었다면 제가 한국 사회에 어떤 참여나 기여를 할 수 있었을까? 솔직히 참 자신이 없거든요.

결국 그렇다면 그냥 세느강변에서 소멸했을 존재에 가깝고 실제로, 제가 무슨 어떤 돌파력이나 추진력을 갖고 있는 사람도 못 되고. 굉장히 소심한 성격인데다가요. 그래서 지금 말씀하신 국내에서 그렇게 열심히 해오고 희생했던 동료나 특히 후배분들에 대해서 부채의식 같은 것이 있어요.

천정환　　　마음공부나 몸으로 하는 공부와 책과 글로 하는 공부의 관계는 뭔가요? 먹물 많이 먹은 사람들은 책과 글로 하는 공부가 과해서 망조가 들고, 몸으로 살고 '현실'과 부대끼는 분들은 공부하고 성찰할 시간이 없거나 경험을 즉자적으로 자기화합니다.

홍세화　　　그 문제는 아마도 각자 자신이 구축한 의식세계가 갖는 성질에 대한 비판적 인식이 부족한 데 있지 않을까요? 제가 강조하고 싶은 명제의 하나는 우리는 '의지로써 끝없이 회의해야 한다'는 것입니다. 책과 글을 통하여 갖게 된 것이든, 경험을 통하여 갖게 된 것이든, 일단 형성한 의식은 스피노자가 지적했듯이 고집이라는 성질을 가집니다. 의식의 성질이 그와 같아서 누구나 자기 생각을 고집하는 경향을 갖는다는 것입니다. 우리의 문제는 회의할 줄 모른다는 점에 있습니다. 가령 데카르트에 따르면 생각한다는 것은 회의한다는 것인데, 우리는 가정과 학교에서 토론이나 글쓰기가 요구하는 '생각하다'의 과정을 거의 갖지 못합니다. '회의하다'가 없다는 얘긴데,　우리 자신이 '회의

하다'의 과정이 없거나 부족한, 그럼에도 고집을 성질로 갖는 의식세계의 소유자라는 비판적 인식에 이른다면 해법은 하나입니다. 의지로 끊임없이 회의하는 것이 그것입니다. "회의하면서 전진하자!" 사파티스타들의 구호로 알려져 있습니다. 우리에게는 더 절실한 구호인 것 같아요.

글쓰기: 망자의 연대와 배제된 사람의 자리

천정환   두 가지 여쭙고 싶습니다. 하나는 90년대 말 이후에 계속 담론장의 최전선에서 글 쓰는 자, 또는 작가로서, 어떤 방법과 입장으로 그 일을 해오셨는지 하는 겁니다. 저도 연재 글이나 칼럼 같은 걸 조금 써봤는데 상당히 어렵더라고요. 선생님의 글쓰기는 무엇이고 선생님은 어떤 작가이신가요?

홍세화   정말 말씀하신 대로 글쓰기는 어렵죠. 너무 어렵고, 머리도 하얘지고 빠지고 이게 다.(웃음) 특히 칼럼 쓰기 너무 힘들어요. 딱딱 마감 시간 맞춰야 하는 게 특히 그렇고요.

역시 글 쓴다는 것이 정치적 함의가 다 있는 거잖아요? 제 자리에서 쓰는 건데 저로서는 되도록 미흡하지만 그《생각의 좌표》에 "망자의 연대"라는 한 절이 있었는데요. 소수자 그리고 발언해야 되는데 발언 기회가 없는 사람의 자리에서 쓰고 싶다라는 것이 제일 원칙입니다.

천정환   '배제된 사람'의 자리요?

홍세화   그렇죠. 그게 저의 핵심적인 거고 저에게 일종의 글을 쓸 지면을 제공받고 그럴 수 있었던 것이 아니었을까? 《나는 빠리의 택시운전사》가 저는 한편으로는 굉장히 우연적인 사건이라고 보는데 어쨌든 파리에서 택시운전을 하게 됐고 그것이 토대가 돼서 책을 내게 됐고 그걸로 나름대로 상징자본을 꿰차게 됐고 그것에 의해서 지면을 갖게 되었다고 할 수 있어요. 그러니까 만약 그것이 없었더라면, 아니면 만약에 제가 예를 들어 파리에서 식당을 낼만 한 작은 자본이라도 있었다면 틀림없이 식당을 했을 거예요. 1980년대에 식당을 내면 거의 다 성공했거든요. 그렇게 해서 그냥 안락한 파리 소시민으로 머물러 있었을지도 모르겠다, 이런 생각도 들어요. 사실 약간의 자본만 있으면 빈대떡 장사를 하려 그랬었는데.

천정환   하하, 한국 빈대떡을 파리에서요?

홍세화   네, 빈대떡 장사를 해보려고. 그것도 자릿값이 없어서 못했잖아요? 그래서 전혀 자본이 필요 없는 택시운전수를 택하게 됐는데 그런 면에서 보면 그게 우연적 사건이죠. 그런데 발언할 수 있는 길이 열렸고, 만약 그것이 없었더라면 그냥 세느강변에서 소멸했을 존재다. 그러니까 저에게는 그런 자기규정 같은 게 있어요. 《나는 빠리의 택시운전사》가 없었더라면 소멸했을 존재, 그런 자리에서부터 글을 쓴 존재. 이게 저한테 스스로

규정하려고 하는.

그래서 배제의 문제나 소수자, 약자의 자리로 가게 되는. 그것이 또 저에게 오히려 어떤 윤리적 우월감 같은 거나 독선적인 그런 것을 줄 수도 있을 거 같다는 생각이 들기도 하죠.

천정환   잘 알겠습니다. 선생님은 자신을 끝없이 망명하여 모든 것을 빼앗긴 존재로 놓으려 하는 거군요. 두 번째 질문은 '미디어 전략'에 연관된 것이었는데요. 한겨레신문의 기획위원도 오래 하셨지요?

홍세화   특별히 '기획'한 것은 없고요. 그냥 칼럼 쓰는 자리에 이름 붙여준 건데, 그렇다고 논설위원도 아니고요. 실제 신문사에 처음 들어갈 때 제가 지금도 남아있는 '왜냐면'면을 신설한 게 제가 했던 가장 중요한 일 중에 하나죠. 토론면을 그런 이름으로 만든 거였으니까요. 이 토론 문화라는 것 자체가 척박한 한국에서 토론 문화가 좀 활성화돼야겠다라는 관점에서요. 워낙 한국이라는 데가 힘의 논리로 싸우는 데지 논리로 싸우는 데가 아니잖아요?

한국 사회가 보수 대 진보의 힘의 세력 관계가 지나친 불균형 상황은 좀 벗어나야 되는데 '미디어전략'이라는 것 자체가 이 힘의 세력 관계로 어떻게 균형점을 조금이라도 이룰 수 있는가의 싸움에 치우칠 수밖에 없습니다. 미디어전략 이전에 '힘의 균형'을 어떻게 이룰까가 더 선결 과제인, 그러니까 이를테면

MBC나 KBS 사태 같은 게 나타나지 않도록 하는 것이죠.

이를테면 한국의 문제는 진보, 보수. 이런 문제가 아니잖아요? 제가 볼 때는 몰상식이 너무 힘이 세다는 게 문제인 거죠. 그러니까 조중동 같은 몰상식한 매체가 주류를 차지하고 객관성이 아니라 그 흐름에 그냥 휩쓸려가고 있는 거라는 인식이 가장 중요한 미디어 전략의 하나라고 보는 거죠.

천정환　시대가 바뀌었으니 옛날처럼만 해서는 안 되죠. 종이 잡지만 내지 말고 팟캐스트나 다른 SNS 매체도 잘 활용했으면 좋겠습니다. 그래야 보완이 될 듯합니다.

홍세화　네, 팟캐스트가 요즘은 워낙 인기가 있고 또 이게 스마트폰이 널리 보급이 되고 해서 그런 것도 할 수 있으면 좋겠습니다. 미리 선을 긋고 그럴 필요는 없죠.

천정환　보니까 팟캐스트의 융성은 스마트폰 같은 탈문자문화 미디어의 문제도 있지만, 기본적으로 착취가 너무 만연해서입니다. 그러니까 '저녁이 없는 삶'과도 유관한 듯합니다. '저녁이 있는 삶'을 살지 못하는 게 학생, 노동자, 직장인들이 책과 멀어지게 만드는 거 같아요. 기본적으로 너무들 바쁘고 눈앞의 성과에 시달립니다.

홍세화　그러니까 바로 그 부분이 중요한데, 가령 폴 라파르그가 '게으를 수 있는 권리'를 얘기한 게 이미 1883년도고. 그 당시에도 노동자가 하루 세 시간 일하면 된다고 했는데, 지금

130년이 지난 오늘날에도 모두 왜 저녁이 없는 삶을 살아야 되는가? 이런 자본주의 사회에 살고 있는 것에 대해 철저히 공부하고 비판적인 인식을 가져야 되겠지요.

2

세상을 바꾸는 공부

공부 셋:
나이 듦과 노년

30대 중반 즈음부터 나이 듦의 두 가지 문제에 봉착했던 것 같다. 하나는 시간이 그야말로 점층적으로 그러나 점점 가속을 붙여 마치 사채 복리이자 붙듯, 또는 마치 홍수 나듯 흐른다는 것이다. 그렇게 몇 해가 지나자 내가 더 이상 '젊은이'가 아니라는 사실을 자각하게 됐다. 아니, 그냥 사실이었다. 그때의 공포와 상실감이란. 그것은 어떻게 그 시간이 훅 빠르게 지나가 버렸는지 다 감각하지 못했고, 또한 뭔가 충분히 음미하고 성찰할 새도 없이 많은 일들이 벌어지고 또 연기처럼 사라져 과거가 돼버렸다는 당혹감이다.

또 다른 하나는 위의 상황이 누적되다가 어느 날 문득, 나이의 누적이 단지 양적·수적 변화가 아니라 신체·정서·인지 등의 제 영역에서 '노화'의 과정 속에 빨려들어갔으며, 안타까움이나 일종의 배타의식으로 봐오던 어떤 '나이 든 인간'의 하나가 돼간다는 자각에서 온다.

결코 황망한 '객관적' 변화도 생겼다. 기억력이 훨씬 나빠졌고 몸도 많이 변했다. 체력이나 주름 같은 건 관리가 가능하다지만, 아무리 노력해도 막을 수 없고 속일 수 없는 게 있다. 가령 노안老眼만큼 공포스러운 게 있을까? 아직 겪지 못한 '젊은이'에겐 아무리 이야기해도 '남의 이야기'다. 노안은 어느 날 갑자기 온다.

이 '현재'의 절대적 배타성과 신기한 맹목적 단견(곧 늙을 것이지만 적어도 지금은 늙음을 절대로 모르며 무감각하다)의 힘은 세다. "너희도 나이 들어봐라" "너는 안 늙을 줄 아느냐"는 노인들의 한(?) 서린 푸념은 젊은이들에겐 아무 소용이 없다. '그리스인 조르바'가 말했듯 "제 스스로가 쭈글쭈글 이빨 몇 개 빠지고 해봐야 비로소 남의 사정을 알게 된다." 그러나 그전엔 절대 모른다.

한편 내가 그렇게 나이 드는 그동안, 한국 사회도 급격히 '고령화'되었다. 세대갈등도 상상할 수 없을 만큼 격화되었다. 노년 문제는 모든 이들에게 정치적이며 동시에 실존적인 큰 문제다. 대책과 공부가 필요하다.

'좀 다른 노인'을 위하여

천정환   급격한 노령화 사회가 되면서, 노인 문제 자체도 심각하고 노년을 오래 보내야 하는 개개인의 자기 과제도 말

못하게 복잡해졌습니다. 어떻게 나이 들어야 하는지, 늙어야 되는지 고민이 많습니다.

　　예전에 어느 자리에선가 홍세화 선생님께서 젊은 사람들이 하는 말을 경청하고, 그들이 짓고 까부는 것도 지긋이 지켜보시는 걸 보고 약간 놀랐습니다. 나이도 훨씬 더 많고 사회적인 지위나 권위도 있는데 그러기가 쉽지 않기 때문입니다. 보통은 나이든 선생님들이 자기 이야기하느라 바쁘고, 젊은 사람들은 줄곧 그 사람 말만 듣고 있어야 하잖아요. 선생님은 '좀 다른 노인'이라고 느꼈습니다.

　　홍세화　　저도 제 또래나 친구들을 보면, 그 사람들이 훨씬 형님이나 선배 같습니다.

　　천정환　　하하하, 20년 동안 '파리 스타일'을 체험해서 그런 건가요? 아니면 원래 성품 자체가…?

　　홍세화　　그 두 가지가 합쳐지고 상호작용을 일으킨 것 같습니다. 20대 후반에서 30대에 소위 운동권에 있으면서 '내게 들어와 있을 수 있는 학벌 엘리트주의를 없애야 한다'고 스스로에게 끊임없이 얘기했습니다. 하지만 그렇다 하더라도, 과연 한국 사회에서 계속 살았으면 그것이 실제로 얼마만큼 가능했을까요? 프랑스에서 20여 년을 살면서 운 좋게도 그런 엘리트 권위의식이 자연스럽게 소멸될 수 있었다는 생각이 들어요.

　　천정환　　네, 파리에서 외롭게 아무런 지위 없이 지내셨으니까…

　　　　홍세화　　　거기서는 솔직히 아무도 알아주지 않죠. 알아줄 사람이 아무도 없으니까 굳이 의지로 극복하려 하지 않아도 그냥 자연스럽게 권위의식이 극복되는 것 같아요. 프랑스 말에 "사람이 나이를 먹지만 늙은이로 살지는 마라" 그런 표현이 있어요. 그리고 거기 분위기는, 이를테면 한국은 세대 간에 장소까지 구분되잖아요? 그러니까 50대 이상은 산에 가고, 카페는 젊은 사람만 가고 이런 식으로. 사실 젊은이들이 주로 가는 찻집에 가면 저 같은 사람은 왠지 좀 쭈뼛쭈뼛해야 하는 분위기가…

　　　　천정환　　　선생님은 안 쭈뼛거려지세요?

　　　　홍세화　　　그냥 무시하죠.(웃음)

　　　　천정환　　　그거 중요한 노하우입니다.(웃음) 한국 노인들도 문제가 정말 많지만, 젊은이들도 장년·노년을 암암리에 경멸하고 차별합니다.

　　　　홍세화　　　심한 경우 눈치를 주는 때도 있더군요. 그런 느낌이 있을 때는 그냥 피합니다. '버텨야 할 것까지 있나' 이런 생각에서. 아무튼 프랑스는 어느 시간이건 어느 장소건 모든 세대가 다 뒤섞이니까 그런 데 신경 쓸 것이 전혀 없습니다.

　　　　천정환　　　우리는 세대별로 가는 데가 딱 나뉘어 있지요. 카페든 영화관이든, 공연장도 그렇고요. 나도 이제 나이가 들어간다, 이렇게 느끼실 때가 있으신지요?

홍세화   그런 걸 느낄 때가 있어요. 상대방이 이제 격을 두는구나…. 저는 오히려 스스럼없이 대하려고 하는데 젊은이들이 격이라고 할까? 거리를 둘 때가 많이 있어요. 그런 걸 느낄 때 '나이'를 느끼게 됩니다.

천정환   그게 예의인지…. 이를테면 뒤풀이나 식사 자리에서 젊은 친구들은 나이 드신 선생님들 옆에는 앉지 않으려 합니다. 불편해서거나 예의를 차리기 위해서인데, 사실 저도 대학원생 때 그랬는데 어느새 그런 일을 당하는 입장이 되어가고 있습니다. '선생님 자리' 같은 게 있지요.

홍세화   왜 그렇게 격식이 중요한지 모르겠어요. 앉는 순서도 격식이 있어야 하고. 프랑스에 있다가 딱 오니까 한국은 공간 자체가 굉장히 권위적인 느낌이었어요. 연단 같은 것도 굉장히 높고, 단체사진을 찍을 때도 꼭 앞에 가져다 놓은 의자에, 그것도 가운데에 앉으라고 하죠. 저는 의자에 앉는 게 기본적으로 불편하고, '중앙'하고 '고소'에 공포증이 있다고 하죠. 그래서 '가장자리'죠.(웃음)

천정환   일단 나이 차가 좀 나는 분하고 같이 앉으면 무슨 대화를 해야 할지 막막해하는 것 같아요. 동년배끼리면 공감대라든가 지적 배경 같은 것이 어느 정도는 예상되는데요.

홍세화   일종의 규격화라고 할까? 심지어는 대화 내용까지도 세대에 따라서 규격화된 면이 있는 거 같아요. 더 중요한 문제는 이 시대를 같이 살아가는 동시대인으로서 이 시대의 인간, 이 시대의 사회에 대해 같이 얘기 나누는 문화 자체가 없는 것이라고 생각합니다. 대화 자체가 신변적인 것을 주로 다루기 때문에 자연히 다른 세대 사이에서는 할 말이 없고 거리감, 간격 같은 것이 있지 싶어요. 제가 경험한 프랑스에서는 신변적인 얘기도 물론 하지만 공적인 의제에 대한 토론이라든지 동시대인으로서 이 사회와 인간에 대해 같이 얘기를 나누는 문화가 있었어요. 세대가 다르다고 하여 할 말이 없거나 나눌 필요가 없는 거죠.

천정환   동년배 친구들의 어떤 것이 보기 안 좋던가요? 어떤 때 늙어 보이고 '꼰대'같이 보이던가요?

홍세화   처음에 프랑스에서 돌아와 제일 많이 느꼈던 것 하나가 있어요. 일단 목에 힘이 들어가 있다, 그런 느낌. 몸 자체가 좀 굳어 있고 권위적이고…. 쉽게 말해, 대개 경기고 출신이고 하니까 다들 한자리씩 하는 사람으로서 갖는 권위적인 태도 같은 거죠. 그런 게 그냥 느낌으로 딱 보여요. 흥미로운 것은 제가 한국에 다시 돌아왔을 때가 50대 중반이었으니까 그때만 해도 다 현역이었거든요? 그런데 이제 시간이 지나니까 거의 다 은퇴했단 말이에요. 요즘 만나면 힘들이 축 빠져 있어요.

천정환   힘이 빠져 있다고요? 그렇죠. 아무래도 장長 같은 거 한자리하다가…

홍세화   힘들이 많이 빠져 있어요. 이게 참 흥미로운 건데. 맨 꼭대기까지 올라갔다가 이제 은퇴하게 되니까, 뭐랄까, '이 친구가 옛날 그 친구였나'라는 생각이 들 정도로 뭔가 쑥 빠진 느낌. 지위나 권력이 그 사람을 지탱하고 있다가 그것이 없어지니까 정말 늙은이가 되어버린 거죠.

　　　천정환　　"나이는 먹지만 늙은이로 살지 말라"는 프랑스 격언은 중요한 진리와 노하우를 담고 있는데, 구체적으로 어떻게 해야 그렇게 될까요?

　　　홍세화　　결국은 정신이나 몸이나 긴장을 유지하는 게 아닐까요? 긴장 없이 늘어지지 말고, 힘들 때도 누워 있지 말고. 이리 갔다 저리 갔다 "엉덩이를 들자" 하는 긴장, 그게 중요하다고 보고요. 나이가 들면 자꾸만 지난 얘기를 한다고 하잖아요. 장래의 얘기는 할 게 없으니까. 그래서도 변화를 추구하는 게 중요하고 엉덩이를 들어야 합니다.

　　　젊은 세대하고 얘기할 때 저도 모르는 게 많죠. 유행하는 것이나 특히 요즘은 전자기기에 대해서도 모르는 게 너무 많아요. 하다못해 제가 아이폰을 갖고 다닙니다만 이 기기에 대해 모르는 게 많은데, 어떻게 쓰는 건지 젊은이들한테 물어보고 그래야죠. 어떤 경우에는 정말 어렵고 해서 '모르고 그냥 지나가버리자' 할 때도 있지만 되도록 포기하지 않으려고 합니다.

　　　천정환　　젊은 사람들한테 나이 든 사람이 따돌림 안 당하려면 세 가지 업up하는 방법이 있다 들었는데⋯ '페이 업',

젊은 사람들하고 만나서 밥 먹거나 하면 돈을 잘 내줘야 된다. 다음에는 '드레스 업', 옷을 잘 입어야 된다. 제일 중요한 게 '샷 업 shut up', 말을 많이 하면 안 된다는 거예요.

홍세화   재밌네요. 전 말이 원래 좀 없는 편이니까.

천정환   보통 지식인 남자들이 말이 많지 않습니까? 또 지가 어떤 자리에서든 중심을 차지하고 말을 많이 하려 하고요, 그래서 말씀처럼 말수가 적고 또 '가장자리'에 있으려는 거, 힘들고 중요한 일 같습니다.

홍세화   제가 말이 많지 않은 이유 중에 하나는 우선 지식이 짧기 때문이고 그다음엔 성격이 소심해서 날 드러내고 이런 것에 맞지 않고요. 그다음에 어쩌면 이게 저를 그렇게 만든 결정적인 이유 같기도 한데, 제 외할아버지의 가르침 때문이에요.

제3자에 대해서 얘기할 때는 마치 그 제3자가 그 자리에 있는 듯이 생각하고 얘기하라는 거였습니다. 그 말씀을 듣고 보니까 사람들이 대화할 때 자리에 없는 사람 얘기를 할 때 참 함부로 한다는 걸 너무 많이 느껴요.

그래서 오히려 제가 거기서 문제가 생긴 경우가 많이 있어요. 누군가에 대해서 어떤 이야기를 해야 하는데 저는 대화에 끼지 않게 되는 거예요. 만약 그 사람이 여기에 같이 있다면 그 사람 험담이나 비평을 할 수 없으니까요. 그렇게 가정하면 장단 맞추는 걸 할 수가 없잖아요?

그다음에 또 하나 삶의 '저기'에 안 맞는 것일 수 있는데, 어떤 제3자에 대한 애기가 이 자리에 나왔는데 그 사람에 대해서 평가하고 판단하는 게 있지 않습니까? 그러면 저는 그 자리에서 남들과 하는 게 아니라 나중에 그 사람한테 애기를 직접 하죠. 그냥 넘어가지 않고 "넌 이렇다"고 그래서 거기서 이제 상처를 주는 경우가 있어요. "너한테는 이런 점이 있는 거 같아." 그 사람이 없는 자리에서 충분히 주고받을 수 있었던 애기였는데, 그 사람이 없는 자리이기 때문에 못했거나 하지 않았던 애기를 나중에 그 사람한테 직접 해버리는 거죠.

꼰대 금지, 노추 방지

인간은 어느 나이쯤 가장 현명하고 균형감 있는 존재로 되는가? 늙고도 윤리적이면서 지혜로운 존재일 수 있는 건 언제까지인가? 독일의 인지학자 우르술라 스타우딩거는 인간의 지혜는 20대 중반 이후에는 자동적으로 증가하지 않으며, 끝없이 젊은이들이나 새로운 것과 접촉하는 소통력과 개방적 학습 능력을 갖고 있어야 늙어도 '지혜'가 증대될 수 있다고 했다(《무엇이 진정한 지식인가》, p.108).

즉 늙음과 지혜는 어느 시점 이상이 되면 역함수 관계에 놓인다는 뜻이다. 노화와 우경화의 사회문화적 관계에 대해서는 실로 다대한 논의와 더불어 '치료'가 필요할지 모른다. 의학·정치학·문화학·심리학자가 참여하는 학제 간 탐구가 필요하다. 결국 나이가 늘수록 퇴락하는 것은 단지 육신만은 아니다. 그것은 인간적 숙명에 속하는 일이다. 대개의 인간은 늙고 쇠퇴하다 결국 사망한다. 우리는 늙어 몰락하다 죽게 인간을 설계한 신을 원망해야 한다.

한때 비범했고 강건했던 존재의 슬픈 노쇠와 전락. 어쩌면 '잘 늙기'야말로 노령화 사회 최대·최고의 개인적·사회적 과제인지도 모른다. 노추는 실로 남의 일이 아니다.

천정환   늙어간다는 것, 나이가 든다는 것이 행복한 일은 아니잖습니까?

홍세화   그렇죠.

천정환   '노화'에 대한 개별자의 반응은 '수용'과 '저항' 사이에서 양가적으로 진동한다고 할까요? 자기 스스로 노화에 대비하고 젊게 살려고 노력하는 게 당연한 거지만, 그것만이 진리는 아니지요. 노화에 따르는 (사회적) 소외나 주변화를 감당하고 겸허하게 수용해야 하는 것도 맞잖아요? 늙어간다는 걸 어떻게 정의하고 어떻게 대처할 것인지? 이런 것들이 상당히 중요한데 고령화는 정말 빠른 속도로 진행되고 있고 준비는 모두 안 돼 있는 거죠. 사회도 준비가 안 되어 있고 개인적으로 준비가 안 돼 있고요.

홍세화　우선 저는 '최대한 가능한 대로 젊게 살자'는 것이 핵심 과제라고 봐요. 긴장을 풀어버리지 말자는 겁니다. 죽을 때까지 점점 조금이라도 나아져야 하는 삶의 과제를 스스로 미리 내던지지 않았으면 좋겠어요. 그다음에 키케로의 《노년에 관하여》였나요. 짧은 글이지만 인상적이었습니다. 늙음으로써 잃어버리는 것만큼 또 채워지는 부분이 있고, 채워져야 하는 그것이 바로 지혜라는 거예요. 그리고 정말 '노추'가 되지 않기 위한 어떤 고결함과 섬세함을 스스로 형성할 수 있으면 하는 바람이죠.

천정환　사실 '노추'라는 단어는 너무나 두렵고 선명한 개념어입니다. 노추에는 두 가지 차원이 있는 듯합니다. 하나는 개인적 차원, 두 번째는 집단적 차원.

개인적인 수준은 노추는 무지와 욕심 같은 거 때문에 발생합니다. '자기'라는 모호한 현상을 쉼 없이 돌아보고 행동을 교정하지 않으면 안 됩니다. 어느 수준 이상 나이가 들면 자신의 언행을 스스로 업데이트할 힘이 떨어지기 때문에, 반드시 누군가로부터 조력을 얻어야 할 듯합니다. 그 진정한 작업은 또래 친구가 아닌, 다른 젠더와 세대의 인간들에게서만 가능한 일인 듯하다.

만약 비슷한 또래에 비슷한 생각을 하는 친구에게만 의존하다가는 '어버이연합'처럼 될 가능성을 배제하기 어렵다, 그것이 노추의 두 번째, 집합적 현상입니다. 여기에 대해서도 사회적인 대안이 필요하겠지요. 꼭 어버이연합 같은 단체 때문만은 아니라 해도, 오늘날 한국 노인들은 지혜나 고결함 같은 이미지와는 거리가 영 멀어졌는데요. 뭐가 문제일까요?

홍세화   역시 기본 소양 문제 아닐까요? 또 가치관과 관련되어 있고요. 관계성의 향유라는 면에서 보면 오히려 젊은 시절보다 나이 들었을 때 더 잘 할 수 있어야 되지 않을까 싶습니다. 그러니까 같은 세계를 같이 인식하는 사람과 관계를 향유하는 것이요.

그런 것이 과연 어떻게 가능할까? 무조건 같이 모일 때 가능하고, 같이 노는 것도 참 좋다고 봅니다. 등산 같이 다니는 거, 대단히 중요해요.(웃음) 그런데 그런 것만이 아니라 이 세상과 인간을 인식하는 것에 있어서도 함께 관계를 누리는 것이죠. 그런데 지금 한국에서 느껴지는 관계성은 지극히 경제적인 측면에만 치우쳐 있는 듯합니다.

빈곤 때문인지, 특히 나이 들수록 경제적 관계에 얽매는 듯해서 안타깝습니다. 아까 얘기한 제 고등학교 동기들의 경우도 경제적 관계나 권력적인 관계가 전부니까 그렇게 된 거잖아요? 수평적이고 인격적인 관계로 사람 사이를 향유jouissance하는 것이 정말 중요하지 않을까요?

천정환   또래 집단이든 아니면 동창 모임이든 아니면 등산 모임이든 오늘날 노인들의 커뮤니티가 한국의 보수주의를 전파·재생산하는 매개가 돼 있는 거 같습니다. 금방 말씀하신 그런 인간적인 관계는 참 좋은 말씀인데 구체적으로는 잘 안 잡힙니다. 이를테면 한국 남자 노인들은 특히 여러 가지로 외롭고 또 가난한 경우도 많습니다. 또 사회는 변했는데 적응하지 못해서 자식들이나 젊은 사람들과 말이 안 통합니다. 생각은 굳어져있고요. 한마디로 남자 노인들은 별로 가족에게나 사회에나 도움이 안 되는 존재가 되고 있어요. 그래서 그런 노인들을 위한 재사회화랄까 재인격화 같은 게 필요하다는 생각이 듭니다. 특히 남자 노인요.

홍세화   프랑스 같은 데서도 나이 든 사람들에게 어려움이 있지만 그래도 노후에 일정 정도의 사회보장이 있기 때문에 여유가 있어요. 결국 '보편 복지' 같은 게 우리 사회에 너무 빈약하다는 점이 문제예요. 오늘날 한국인을 지배하는 다섯 가지 불안(교육, 양육, 주거, 건강, 일자리) 중에 하나가 노후인데, 한국은 거의 그런 문제가 개인에게만 맡겨져 있죠.

제 처도 파리에서 한 18년 정도 일했나? 그걸로 지금 65세가 돼서 연금이 나온다고 하는데 700유로, 그러니까 90만 원 정도 받아요. 18년 일한 거로 그 정도 받으니까 한 25~30년 일한 사람이면 1000~1500유로 이렇게 받으니까 괜찮겠죠.

천정환   18년에 그 정도요? 그 정도면 뭘랄까? 다시 공부할 생각을 할 수도 있겠네요?

홍세화   그럴 수 있겠죠. 거기다 이제 65세 지나면 교통비도 안 드니까 여러 가지로 모색을 할 수도 있습니다. 공부를 통해서든 뭐든 제2의 인생을 위해서 해볼 수 있는 여지가 아무래도 있죠.

천정환   최근에 한국에서도 공부하는 노년들이 늘어났지요. 원숙함이 좀 빛을 발하는 분들은 대개 다시 공부를 하거나 독서를 하시는 것 같고.

홍세화   도서관에도 많이 다녀요. 탁구나 당구, 또 사진도 꽤 많이 하시는 거 같아요.

천정환   네, 그런데요. 스포츠나 등산 그런 거 하고 외국어나 새로운 지식을, 그러니까 젊어서 이런저런 제약 때문에 배우지 못했거나 기회를 놓쳤지만, 새롭게 배우려 하는 경우는 약간 다른 거 같지 않습니까?

한국 남자들 중에는 공부도 모르지만 놀 줄도 몰라서, 논다는 게 여자 있는 술집 다니면서 스트레스 풀고 또 그걸 무용담이랍시고 친구들하고 나누는 거 외에 해본 게 없는 사람들도 많지요. 다른 문화적 경험이 일천한 경우에는 외국어나 새로운 지식을 학습한다든가 새로운 스포츠를 배운다든가 하는 그런 생각하기가 쉽지는 않을 것 같습니다. 등산은 그런 면에선 사실 좀 쉬운(?) 거지요.

홍세화   그러니까 '관계성의 어떤 풍요로움'이랄까? 애당초 우리 한국 남자들은 그런 것의 의미 자체를 향유한다는 것이 어려운 사회에 살았잖아요? 중장년에 들어서게 되면서 그나마 성적 일탈 같은 걸로 그걸 채우기도 하지만 돈도 필요하거니와 나이가 들면 불가능해지죠. 이런 현실 속에서 관계성 속에서 향유할 것이 아무것도 없어지는 거죠.

천정환   소위 '비아그라 혁명' 때문에 나이가 들어도 '그게' 일부는 가능하지만, 관계 속에서 풀지는 못하기 때문에 싼(그러니까 젊을 때처럼 룸살롱 다니진 못하지만) 노인 대상의 매매춘이 성행하고 있다는 거죠. 정말 어려운 문제라 생각합니다. 노인도 인간으로서 품격 있게 즐기기도 하고 섹스도 해야 되는데….

어쨌든 이제 산업화시대와 민주화시대, 그러니까 7~80년대를 청·장년으로 지냈던 노인들이 곧 나타나기 시작합니다. 이제 그 사람들이 해야 되는 또 할 수 있는 중요한 자기수련, 자기관리, 자아계발의 문제라 보입니다. 뭘 배우고 어떻게 삶을 향유하는 노년의 인생을 꾸릴 것인가가 중요한데 말이죠?

그러니까 정리하면 우선 개인적으로는 늙어감에 대해서도 어떤 공부를 해야 하고, 또 노년에 할 공부 자체도 있는 거네요. 구체적으론 어떤 게 있을까요? '늙어감'에 대한 책은 많이 있긴 하더라고요. 시몬느 드 보부아르의 《노년 – 나이듦의 의미와 그 위대함》(책세상, 2002)이나 나카무라 유지로·우에노 치즈코가 같이 쓴 《인간을 넘어서 – 늙음과 젊음, 남과 여》(당대, 2004) 같은 책은 꽤 오래 전에 번역됐고요. 근 몇 년 새에도 부쩍 늘었어요. 장회익·정희진 외《나이듦 수업 — 중년 이후, 존엄한 인생 2막을 위하여》(서해문집, 2016)나 폴 투르니에의《노년의 의미 — 두려움 없는 은퇴, 여름날보다 충만한 인생의 가을을 위하여》(포이에마, 2015)는 최근에 나왔어요.

홍세화   글쎄요. 저는 그 분야에 대해선 키케로의《노년에 관하여》이외에는 아직 읽은 게 거의 없는 것 같아요. 그럼에도 책보다 중요한 것도 많지요. 제가 관계성에 대한 말을 많이 하는데 한국 사회에서는 관계가 주로 경제적 관계와 소유의 많고 적음 문제에 결정되어 인간관계 속에서의 향유, 이른바 주이상스가 지극히 엷다는 거죠.

남자들은 특히 권력과 돈이 관계를 결정하는데 나이가 들면서는 그런 것도 저절로 놓치게 되죠. 만약 성적 관계도 일종의 소유나 권력으로 본다면, 성관계에 비어 있던 게 관계성 아니겠습니까? 나이가 들어 이제 돈도 없고 힘도 없으면 관계를 유지할 힘도 없고, 자기의 존재의 이유랄까, 이런 것도 설정하기가 너무 힘들어지는 상황이 오겠지요. 그러니까 애당초 관계성에서 오는 주이상스가 향유가 없는 사회이기 때문에 더 심각한 문제를 한국 사회가 낳고 있지 않은가.

천정환   관계성 속에서 느끼는 향유, 주이상스란 기본적으로 대화와 토론과 나눔을 통해서 이루어지는 어떤 연대감이나 인간으로서의 보람 같은 건가요?

홍세화　　대화와 토론이 가져다주는 생각의 교류가 제가 말하는 주이상스입니다. 한국 사람들은 서로 생각이 다를 경우, 대화를 통해 생각을 모아나가는 즐거움을 누리기보다는 얘기를 아예 안 하는 편을 택합니다. 예컨대 부부 사이에 생각이 다를 때 그걸 드러내고 대화와 토론을 해서 모아갈 수 있느냐는 겁니다. 그게 안 되면 부부라는 것은 그저 사회경제적 동일체에 불과하고 심하게 말하면 그저 몸을 섞는 사이인 거죠.

〈아무르〉라는 프랑스 영화라든가 앙드레 고르 같은 사람의 《D에게 보낸 편지》 같은 데 나온 부부 사이의 관계 같은 게 사실 한국에서 참 기대하기 어려운 모습들이잖아요? 관계성에 대한 태도나 생각들이 분명히 좀 다르다고 보입니다. 한국 사람들은 정말 더 고립된 섬이라는 생각이 들어요.

천정환　　〈죽어도 좋아〉 같은 한국 노인 영화 보셨는지 모르겠습니다. 이 영화에서 노년의 연인은 〈아무르〉에서와 많이 다릅니다. 어찌나 '사랑'을 열심히 하시는지.(웃음) 아무튼 노인들이 친구들 만나는 것이 삶에서 중요하게 되는데, 그런 '주이상스'가 가정에서든 아니면 다른 사회 영역에서든 가능하게끔 변화하기 위해서는 어떤 게 필요할까요?

홍세화　　어렸을 때부터 사유의 훈련이나 성찰의 습관화가 필요한 것 같아요. 끝없이 겸손하게 자기 생각이나 위치를 성찰하고 회의해야 하는데, 그럴 줄 모르니까 고집이 세지고 공격적이 되고, 타인과 관계를 맺을 때 서로의 생각을 겸손하게 모아갈 수 있는 여지가 없는 거죠.

집합적·문화적 노년 대책

내 아버지는 3년 먼저 어머니를 여의고 난 뒤에 급격히 건강과 지력이 쇠했다. 그뿐 아니라, 삶의 의미나 보람 자체를 회의하며 우울해했다. 그러다 지병이 악화되고 쉽게 병에 지셨다.

한국 남자 노인의 자살률은 엄청나게 높다. 여성 노인의 5~6배, 남자 젊은이들의 10~15배에 이른다(지방 거주 독거 남자 노인들은 그냥 잠재적 자살 고위험군으로 간주해도 좋다고 생각된다). 그들은 무척 외롭지만 말이 통하지 않는다. 그들이 받은 교육과 쌓아오던 지혜는 말 그대로 'out of date'가 되고 말았다. 나는 부친의 말년을 보고 난 뒤에 여러 번 다음과 같은 공상 비슷한 것을 했다.

남자 노인을 위한 재사회화 및 생존능력 강화를 위한 교육기관이 필요하지 않을까? 예비군처럼 단체로 1년에 (최소) 2~3개월씩 실버타운에 입소해서 지내는 것이다. 좋아하는(?) 군대 이야기도 실컷 하고(필요하면 계급장도 달아주자) 대신 정치·사회·문화 등뿐 아니라 요리, 빨래 등의 가사, 의사소통 감정표현 능력

등을 교육받는 것이다. 물론 젠더와 가족관계에 관한 것도 재교육을 받는다. 모든 수업은 쌍방향적으로 이뤄진다(물론 성향에 따라 '스파르타'식으로 교육시킬 수도 있다). 또한 교육 프로그램 속에 여성과 젊은이들과 함께 이야기하고, 늙은이들이 젊은이들에게 자신의 생애와 해온 일의 직능(노하우)을 전수하게 하는 프로그램도 둔다. 그래야 거의 10퍼센트가 넘는 노인 자살률도 줄이고 한국 민주주의에도 좀 도움이 되지 않을까.

천정환　　　자살 문제에 대한 공부를 좀 하면서 보니까 농촌지역과 빈곤계층 남자 노인들은 정말로 자살 고위험군인 거예요. 여성 노인들의 자살률은 낮은데 남자는 나이가 들수록 자살률이 급격하게 높아집니다. 여성은 오히려 젊은 여성들의 자살률이 조금 더 높은 수준인데요.

　　　남자 노인들이 처한 물질적·정신적 곤궁이 굉장히 심각한 거죠. 그래서 사회적으로든 개인의 차원에서든 정말 어려운 문제가 되고 있어요. 산업화시대를 산 그들이, 변화하는 사회 속에서 새롭게 타인들과 대화하는 방법이나 자기를 제대로 표현하는 법을 잘 배우지 못했다 보입니다. 한마디로 일베 유저 청년이 노인이 되는 걸 상상해봅니다. 젊을 때는 비교적 진보적이다가 60~70대가 되면서 투표 성향도 바뀌죠.

홍세화　　　그게 참 문제죠. 그러니까 둘 다 지금 말씀하신 경제적 곤궁함과 정신적 곤궁함, 두 개가 아주 정확한 표현인 듯합니다. 두 문제가 다 해결되지 않은 상황에 있는 사람들이 대다수잖아요?

노령화 사회에서 우리가 풀어야 할 과제 중 하나는 '제2의 인생'이라는 건데요. 그게 결국 평생 교육 같은 것과 그것을 위한 제도적인 뒷받침이 필요하고, 거기서 제일 중요한 것은 단지 경제적인 것이 아니라 제2의 인생과 평생 교육을 감당할 인식이라 봅니다. 인생 전체를 이해하고 계획할 시야와 그런 과정이 개인들한테는 정말 중요하다는 생각입니다.

그러니까 경제적이라든지 사회적인 어떤 힘과 능력 같은 게 나이가 들며 저절로 쇠잔해지면서 당연히 거기에 따라야 되는 어떤 원숙함이나 여유가 있어야 하잖아요? 그런 내면적인 속살이라고 할까 이런 것이 나이 들어가면서 자연히 채워져야 되는데 그런 것이 한국 사회에서는 좀 결여돼 있는 게 아닐까? 노인들이 사회에서 존중받고 또 우리 후배들이나 자식 세대가 자연스레 존중할 수 있어야 될 텐데 그런 부분이 비어 있는 게 아닐까? 결국 모든 게 다 힘, 능력, 권력, 돈 이런 걸로만 결정되잖아요. 키케로의《노년에 관하여》를 보더라도 나이 든 사람으로서의 지혜 같은 걸 이야기하잖아요. 과거에는 그래도 노인들이 삶과 경험 속에서 획득한 지혜를 자식이나 다음 세대에 가르쳐주는 것이 있었는데 요즘 그런 것은 거의 요구되지 않고 있으니, 더욱더 돈과 힘이 중요한 게 아닌가 싶네요.

천정환　'어버이연합'같은 단체가 설치는 한 한국 노인들이 존경의 대상이 되긴 틀렸지요. 시니어와 은퇴자들을 위한 인문학 프로그램이나 좋은 시민 교육 프로그램이 개발되어야 할 거 같다는 생각이 듭니다. 가난한 보수층 남성들을 인터뷰하여 쓴 책《할배의 탄생》의 최현숙 선생도 그런 말을 했어요. 가난한 사람들의 "자기 비하를 깊이 살피고" 잠재된 "긍정의 에너지를 이성적이고 사회적인 힘으로 모아내야 한다", 이는 "그저 계급과 임금과 복지의 문제가 아니"(p.263)다. 연금이나 시혜적 복지를 넘는, 인간으로서의 어떤 좌절과 존엄에 대한 침해에 대해 성찰하고 개입해야 한다는 것이죠.

홍세화　맞습니다. 중요한 과제인데요. 이 사회를 정말 올바로 만들기 위해서는, 인생 등산의 내리막길을 내려오고 있는 그 많은 노인들의 역할이 당연히 필요하지요. 산에 올라가는 사람은 아직 산이 어떻게 생겼는지 모르니까 기복이 있고 그렇지만 이제 산을 내려오는 사람으로서는 어떤 면에서 보면 여유가 있어야 되잖아요? 여유 있는 사람으로서 어떤 욕망이나 삶의 보람이나 의미 같은 데서도 아주 작고 소박한 데서 멈추고 또 만족할 수 있어야죠. 또 이미 신체가 그렇게 되고 있을 거고요. 그런 상황이라면 관계성에서도 당연히 그럴 수 있지 않을까요?

지금 한국 상황에서는 너무 메말라 있는 것이 문제라 생각합니다. 그러니까 그런 계기를 줘서 인간과 사회를 인식하는 데

있어서 노년의 길동무 같은 게 필요하다는 생각입니다. 제 욕심
은 물론 당연히 사회를 비판적으로 인식하는 그런 토대 위에서,
지금 산에 올라가는데 산의 전체 모습이 어떻게 생겼는지 모르는
젊은이들에게 조언도 하는 그런 노인들의 커뮤니티 같은 것이 중
요하겠다라는 거죠.

천정환　　　평생 교육 시스템이 정말 중요해지는데요. 가장
자리 안에 '가장자리 시니어'를 만드시면 어떨지요?

홍세화　　　고민하겠습니다.

천정환　　　최근 시민 인문학 열풍 때문에 노인들 중에서
인문학 강좌 같은 걸 다니는 분들이 많은데, 한국적인 풍토 때문
인지 동양고전 관련 강좌가 인기가 많다 합니다. 논어, 맹자, 명
심보감 같은 거요. 그런 강좌에서 무슨 내용을 다루는지 자세히
는 모르지만 문제가 있다고 봅니다. 동양고전이 수양에 좋다지
만, 시대에 맞는 민주적이고 수평적인 인간관계나 민주적 시민정
신을 함양하는 데 도움이 되는지 잘 모르겠거든요. 오히려 남자
노인들 구미에 맞는 권위주의를 재생산하는 게 아닌지 좀 우려스
럽습니다.

　　　노년의 머리, 청년의 삶

　　　홍세화는 노인 문제와 관련해서 시종 정신적 가치를 강조

하고 또한 그들에 대한 정서적·정신적 복지의 필요성을 말했다. 한국에서도 다시 공부하는 노년들이 늘어나고 있지만, 젊었을 때 놓친 공부 기회를 다시 갖거나 실버 인문학, 노년 정치대학 등을 통해 새롭게 사회에 대해 젊은 세대와 대화를 가능하게 만드는 것이 행복한 노년을 위해 매우 중요한 일이라 보인다. 따라서 노인 개인으로서는 "나이는 먹지만 늙은이로 살지 마라" 같은 강령이 필요하지만, 정치나 경제에서의 변화와 사회적 행위 양식 차원의 변화가 필요한 것이다.

천정환 아마도 86세대는 노화하면서 분명히 노인을 자신의 경험이나 행동 양식에 따라 세력화·조직화할 거예요. 진보정당이나 또 정치권에서 그런 걸 세밀하게 분석을 해봤는지 모르는데 그 노령화라는 것이 '노령의 계급화'일 듯합니다. 이렇게 빈부격차가 심해지니, 같은 노인이라도 절대적으로 서로 다른 경제적 지위에 놓여, 노후를 준비할 수 있는 사람과 그렇지 못한 사람의 차이는 엄청날 듯합니다. 보편 복지가 정말 필요하고 연금, 의료보험, 요양보험도 정말 중요해질 것 같은데요.

그래서 그런 문제를 포함해서 독자적인 진보적인 '노인 정치' 또는 진보정당의 노인 정책이 필요한 게 아닐는지요? 이제껏 이야기 나눴던 대로 결국 철학의 문제와 결부되는데, 보수나 자유주의 진영과 다른 진보의 노년의 철학이 있는가 하는 거네요.

노년이라는 삶의 새로운 스테이지를, 또 노년이라는 존재를 어떻게 바라보아야 될 것인가? 진영을 초월하면서도, 동시에 진보적인 삶과 인생 플랜에 대한 생각이 필요합니다. 생태주의나 여성주의가 어떻게 노년을 바라보는가, 하는 것도 중요한 참조점이 되겠네요. 이는 경제적 복지의 문제를 넘어서는 거라 보입니다.

만약 '정치적·문화적 전환' 같은 게 없으면 한국 노인들은 계속 소외되고 세대 간 갈등의 희생양이 되겠지요. 버려지고 학대당하는 노인이 더 늘어날 거 같습니다. 오늘날 젊은이들은 피해 의식이 많고 실제로 많은 희생을 치르고 있습니다. 계급 갈등이 세대 갈등으로 전치된 면도 있고요. 노인들은 보수정권하에서 방어적으로 고립되거나 아니면 자기의 사회적 존재 근거를 '권력'에서 발견하는 악순환 같은 게 존재한다고 보입니다.

그래서 문화적으로나 정치적으로나 노인·노년을 새롭게 대하는 정책과 당이 필요합니다. 지금 종편 같은 것이 아닌 노인 대상 방송도 필요하고, 이를테면 정동영 씨나 조국 씨처럼 '노인들은 투표하러 가지 마라'를 넘어서는…. 분명 저런 건 일종의 '혐오' '차별' 발언이잖아요.

홍세화   그렇죠. 노후에 경제적으로 너무 타격받아 길거리에 나앉게 되거나 자식들한테 부담 지울 것에 대한 큰 불안. 이 기본적인 것은 해소해줘야 되는, 이건 당연한 요구일 거예요. 그런 것이 우선 사회에서 합의가 이뤄져야 될 부분인데…

요즘 들어서서 더 그런 생각이 드는데, 그런 불안이 만연하면 사회와 사람들의 심성이 더 그악스러워지겠지요. 특히 이명박, 박근혜 정권 지나면서 저 스스로도 심성이 좀 황폐해진다는 느낌이 든단 말이에요. 이런 환경이 지속되면 정말 가진 거 없고 노동할 힘도 없는 사람들이 느낄 소외감과 박탈감은 더 심하지 않을까. 그러면 그분들이 오히려 가스통 들고 돌진하고, 또 그런 게 부추겨지고 돈 몇 푼에 그렇게 나갈 수 있는 그런 위험이 있죠. 애당초 그런 것을 없게 해야 되는 거라 봅니다.

천정환   그러니까 최소한의 복지도 필요하고 또 그를 넘는 정신적·정치적 정책이 필요하고, 쉽지 않은 듯합니다.

공부 넷:
정치경제학

　　세상을 바꾸기 위해 공부할 과목은 적지 않다. 고전적인 인문주의와 인문학만으로는 부족하기 때문에 시야를 넓힐 필요가 있다. 정치경제학, 젠더스터디(여성주의), 문화론, 과학학, 평화학 같은 공부는 고식적인 문·사·철, 사회과학, 자연과학의 영역을 넘어서고 또 이들을 통합한다. 세계의 모든 새로운 사태와 그에 대응하는 지식은 기성의 영역을 통합하고 그 구분을 찢는 데서만 나타난다.

　　천정환　　무엇을, 무엇부터 공부해야 할까요? 대학교에서 인문학에 관심을 가진 학생들 중에 이런 질문을 묻는 경우가 많습니다. 인문학 전공자들은 일단 교양과 전공 수업에 충실하고 그다음에 자기 관심사를 찾아 나가면 되지만, 이공계나 경영대 또는 학교 바깥에 있는 시민들에게는 인문학에 어떻게 접근해야 할지 자체가 어렵습니다. 그래서 많은 입문서가 나와 있기도 한데요.

홍세화   저는 한국 사회의 모순에 관해 균형적 시각을 갖는다는 목표를 설정하는 게 어떨까 생각해보기도 합니다. 한국 사회가 안고 있는 모순은 계급모순, 분단모순, 지역모순, 젠더 문제, 생태문제 등이 얽혀 있어서 전 세계에서 가장 중층복합적입니다. 다른 사회에서는 분단모순이나 지역모순은 겪지 않아도 되기 때문입니다. 한국 사회의 이런 모순들과 관련된 책들을 다양하게 접함으로써 한 편에 치우치지 않는 균형이랄까, 섬세함이랄까 그런 걸 갖기를 바라는 것이지요.

제가 한국 사회가 안고 있는 제 모순에 대한 인식에 있어서 균형의 시각을 특히 강조하는 것은 오늘 한국 사회의 이 모순들에 맞서 싸우는 진보진영에서 운동가들은 물론 연구자들까지도 모두 자신이 활동하거나 전공하는 분야를 한국 사회가 안고 있는 모순의 중심에 놓는 경향이 너무 강하다고 느꼈기 때문입니다. 활동 양태나 주장들도 섬세하기보다 거친 편이고요. 물론 모든 모순이 워낙 첨예한 탓도 있겠지요.

과거와 달리 요즘에는 기본모순이니 주요모순이니 그런 구분은 별로 하지 않는 듯한데, 아무튼 모두 자신의 활동이나 전공분야를 모든 모순의 중심에 놓거나 다른 모순을 경시하거나 자기 분야에 아전인수식으로 욱여넣기도 합니다. 래디컬이 자기만의 래디컬일 때 극단주의가 될 위험이 큰데, 그런 경향을 분단, 계급, 지역, 젠더, 생태의 모든 모순 분야에서 발견하게 된다는 것입니다. 이 점에서 우리 모두에게 무엇보다 먼저 겸손함이 필요하지 않을까 싶어요.

천정환　　　그리고 저는 사실 인문학만으로 부족하다 생각하기 때문에 사회과학－경제학, 사회학, 정치학 책을 적극적으로 학생들에게 권하는 편입니다.

홍세화　　　덧붙이자면 저는 청년들과 시민들이 매일 신문을 읽기 바랍니다. 욕심을 내자면 한국 신문 하나와 외국 신문 하나를 함께 읽으면 좋겠어요. 요즘 청년들은 영어 능력이 뛰어나지 않은가요? 저는 영어보다는 그래도 프랑스어가 더 나아 〈르몽드〉를 읽고 있습니다만, 영국의 〈가디언〉이나 미국의 〈뉴욕타임스〉 같은 신문을 읽으면 세상 돌아가는 판도를 그릴 수 있을 겁니다. 물론 그 신문들도 자국중심주의에서 벗어나지 못하므로 논조를 무비판적으로 수용하면 안 된다는 전제가 필요합니다만.

천정환　　　잡지나 신문 하나 읽으면 좋은데, 정말 요즘 세상에선 어른들한테도 쉽지 않은 일입니다. 정기 구독자는 젊은 층 중엔 거의 없습니다.

일베와 기본소득

한국 사회에 '똘레랑스(타자에 대한 관용)'란 말을 들여오는 데 홍세화가 크게 기여했다. 그로부터 어언 20여 년. 이 말이 한국 사회 인권의식의 성장과 내면적 성숙에 기여했다는 평가가 가능하다.* 그러나 민주정부 10년, 이명박, 박근혜 정권 9년을 지나오면서 한국은 똘레랑스는커녕 그 역의 명제인 '혐오' 앞에 곤혹스러워 한다. 단지 한국뿐 아니지만 '똘레랑스'를 넘어서는 다른 명제가 필요하다고 본다.

'혐오'는 꼭 적절하고 참한 번역어라 하긴 어렵지만 효용을 갖고 있다. '혐오'는 많은 것을 설명해주고 또 우리 인식과 인권의 사각지대를 지적해준다.

혐오의 주된 진원지가 주로 남성–동성 및 종족–주류 사회와 그 하층이고, 지배계급과 권력은 그것을 은근히 조장하거나 필요한 만큼 이용한다. 한국의 일베와 어버이연합이나 트럼프 현상 따위는 대표적 실례다. 그것은 너덜너덜해진 대의 민주주의 정치와 '정치적 올바름PC'의 위선과 허점을 파고든다. 똘레랑스나 '정치적 올바름PC'가 내포한 자유주의나 휴머니즘은 언제나 한계를 지닌다. 그러나 그것을 비판할 수 있어도 방기할 수도 없다는 데 딜레마가 있다. 자유주의나 휴머니즘은 그보다 나은 급진적 이데올로기나 도덕적 이데올로기를 위한 거멀못이 되기는 한다. 자유주의·휴머니즘보다 나은 사회주의, 자유주의·휴머니

---

*   인권연대 오창익 사무국장과 작가 서해성의 〈오! 다방〉 참조. http://www.podbbang.com/ch/ 9099?e=21914393

즘보다 나은 민중주의는 도달하고 싶은 지점이지만, 현실의 역사
에선 부분적이고 일시적으로 그랬을 뿐이다. '인간의 얼굴을 한
사회주의' 같은 명제나 사회민주주의 같은 모색도 결코 허투루인
것은 아니다.

천정환   여성혐오 문제가 확산되고 누적된 성차별과 강
간 문화의 사회에 대한 분노가 확산되면서 여성들의 인식에는 날
이 서 있는데 그걸 잘 이해하지 못하는 남성 지식인들이나 청년
들도 여전히 많습니다. '혐오'를 넘어서는 사회를 어떻게 만들어
가야할지요?

홍세화   그렇죠. '기울어진 운동장'의 역사가 얼마나 오
래됐습니까? 기울어진 운동장 자체가 역으로 기울어지는 것까지
는 바라지 않더라도 어떤 균형 잡힌 그런 운동장이라도 돼야 할
텐데요.

먼저 말씀드린 적이 있는 것 같습니다만, 대한민국의 탄생
과정에서 얼마나 많은 학살이 있었습니까? 전쟁과 분단 과정에
서 보도연맹이든 아니든 거의 모든 지역에서 학살이 있었죠. 그
학살에 참여했던 사람들 중에서 참회한 사람이 얼마나 될까요?
이제 그 당사자들은 거의 다 늙어 죽었겠죠.

또 70~80년대 숱하게 일상적으로 이루어졌던 그 고문이
나 국가 폭력에 (억지로 지시를 받아 행했다 하더라도) 가해행위를 한

사람들도 얼마나 많습니까? 그런 사람들 중에서도 이제 늙어 죽음에 임박한 사람들이 없지 않을 텐데, 그들 중에서 과연 죽음 앞에서 내가 인간으로서 이런 잘못을 저질렀다는 반성을 하는 사람을 단 한 명도 찾기 어렵습니다. 인간이 죽음 앞에 서면 자연히 순수해지고 인간으로 돌아갈 수 있을 텐데도 말이죠. 왜 그런 사람을 한 명도 찾기 어려울까요? 이 사회가 얼마나 무서운 사회냐는 걸 보여줍니다.

이 땅은 '가해자의 땅'입니다. 가해자가 계속 권력과 영화를 누리는 땅이고 그 가해가 한 번도 제대로 정리되어보지 못한 나랍니다. 그러니까 그들이 물적 토대를 장악하고 있고 재생산 구조를 아주 강고하게 가진 그런 구조 속에서는, 인간의 탈을 쓰고 과연 그러한 것을 할 수 있겠나 싶을 정도의 행태도 반성하지 않게 됩니다. 우리 사회의 혐오의 뿌리를 그런 데서 볼 수 있지 않겠나 하는 생각이 듭니다.

천정환   동감입니다. 가해를 정당화하기 위해 오히려 피해자를 짐승 취급하거나 '빨갱이' 같은 딱지를 붙여 배제하고 혐오해왔지요.

농성하고 있는 세월호 유가족이나 단식하는 분들 옆에서 치킨과 짜장면을 먹는 행위를 표현의 자유라고 주장하기도 하고, 여성이나 외국인 노동자는 물론 이제 가난한 사람이나 노동자를 혐오의 대상으로 삼는 일도 이 사회의 '잔인성'을 이룹니다.

말씀하신 것처럼 부당한 국가 폭력이나 가해를 제대로 정리·징죄·성찰하는 과정을 못 밟았다는 것, 민주정부 시절에 부분적으로 그런 작업이 없지 않았지만 결국 실패했다는 것. 거기다 한편으로는 신자유주의의 어두움이 일부 젊은 세대들로 하여금 혐오에 가담하게 하여 재생산되고 있다는 사실이 참담합니다. 그 재생산의 고리를 어떻게 끊어야 될는지요?

홍세화   새로운 혐오의 동기는 조금 다르다고 봐요. 일베 현상은 무엇보다도 채워지지 않은 욕망이 사회적인 정신병이라 할 병적인 현상으로 발현하고 있다고 봅니다. 그러니까 욕망은 엄청나게 부추겨지고 있는 데에 비하여, 그 욕망이 채워질 수 없는 데서 오는 불만이 그런 방식으로 표현되고 있는 거라 봅니다. 커뮤니티 속에서 그렇게 일베처럼 극단적이거나 이상하게 행동할수록 인정받는 문화가 상승작용을 하고 있지 않겠나. 결국은 젊은 세대들에게 장래를 설계하기 어렵다는 것의 반영이 아니겠는가, 그런 생각이 듭니다.

천정환   네, 그래서 '병맛'이니 '관종'이니 하는 말도 나왔겠죠. 디시인사이드로부터 일베, 심지어 그걸 미러링한다는 워마드 같은 커뮤니티 사이트가 동일한 심리적 구조의 '놀이'나 '관심'을 추구한다는 분석들도 있습니다만…

홍세화   그들에게 어떻게 미래에 대한 청사진을 기성세대가 보여줄 수 있겠나 하는 그런 과제가 있다고 보고요. 저는 외려 일베 현상을 보면서도 기본소득제 같은 것이 대단히 중요하게 강조되어야 되지 않을까 하는 그런 생각을 했습니다. 흙수저로 태어난 청년 세대들은 일자리도 없고 전망이 불투명한 상황인데, 기성세대로서 참 죄스럽기도 합니다. 이걸 헤쳐 나갈 방법의 하나가 기본소득제가 아닌가 합니다.

천정환   일베와 기본소득제라, 재밌는 주제네요. 2015년부터 서서히 진보진영에서 미래사회에 대한 중요한 대안으로 기본소득제가 제안되기 시작했는데요.

대선에서 이 의제가 본격적으로 토론이 될 거 같아 고무적입니다. 야권 대선 주자인 박원순, 이재명 시장 등이 먼저 기본소득제를 공약으로 내걸었고 청년들을 대상으로 한 변형 기본소득제도 나름 실행했습니다. 잔인한 한국 사회에서는 학교 무상급식 같은 것도 정말 힘겹게 실현됐는데, 실제로 최소한 기본소득 담론이 광범위한 토론 주제가 될 수 있는 조건이 뭘까요? 아직 진보진영 내에서도 기본소득에 대한 논의는 활성화되어 있지 않고, 또 기본소득제를 중심으로 한 복지에 대한 생각도 많이 다른 듯해요.

홍세화   저는 한국 사회에서는 그게 널리 토론되기 위해서는 시간이 필요하다는 생각도 들고요. 어쨌든 유럽 복지 선진국인 스위스, 핀란드 같은 곳에 이미 국가적 의제가 됐고 4차 산업혁명 아래 노동의 지위가 열악해지고 있는 상황에서, 보편복지에 대한 논의가 치열하게 제기될 수밖에 없다고 보고요.

천정환   사민주의, 녹색좌파, 여성주의 등의 진보 이념
과 새로운 사회를 위한 방법론을 생각하고 대중화하는 일은 정말
중요합니다.

예컨대 지난 2016년 4월에 사회변혁노동자당이 주최한
'대안적 전환' 토론회에서는 금민 '기본소득네트워크' 상임이사,
오건호 '내가만드는복지국가' 공동운영위원장, 송명관 사회변혁
노동자당 정책위원이 각각 기본소득제, 복지국가론, 사회화론을
신자유주의를 넘어설 대안 체제론으로 제시했어요.

이 중 복지국가론이 비교적 대중적으로 알려져 있고 현
실에서 가능한 대안인 것처럼 여겨지지만, 자본주의를 근본적으
로 넘어설 수 없고 이미 서구 복지국가의 경험이 있어 한계를 지
닌 것이라 할 수 있고요. 재벌의 민주적 국유화를 포함하는 사회
적 경제를 강조하는 사회화론은 의료, 보육, 교육, 주거 등에서도
개인적 소유를 제어하는 대신 복지공급기관(기관, 기업, 단체 등)의
사회적, 공공적 소유를 통해 공공서비스의 확대를 주장하더라고
요. '민주적 사회주의'를 주장하는 좀 더 고전적인 마르크스주의
에 가깝고요. 기본소득제는 아시는 바와 같이 2016년 총선에서
노동당과 녹색당이 들고나온 공약이었습니다. 아무래도 '재원 마
련'이 가장 큰 문제인데 보편증세 없이 고부담 누진직접세 중심
체제로 조세 체제를 전환하여 가능하다는 주장이었습니다.•

홍세화   네, 하나 덧붙이면 한국에서 기본소득제 담론이 확산되기 어려운 이유 중 하나로 진보운동이 노동주의에 갇혀있다는 점을 지적해야 할 것 같아요. 그동안 한국의 재벌 중심의 자본주의가 분단 상황 아래 관철되면서 노동이 워낙 탄압 대상이었기 때문에 이에 맞서 노동과 노동자의 정체성을 세우기 위한 지난한 과정이 있었고 노동자의 정치세력화도 그 연장선상에 있었습니다. 그런 노력에도 불구하고 자본에게 유리한 판도에는 큰 변화가 없었는데 1997년 외환위기 이후 노동에 분화와 위계화가 급속하게 일어났습니다. 이미 "노동자는 하나다!"가 아닌 상황에서 노동주의는 의도적이지 않더라도 현실에서는 기존 재벌 중심의 대기업 남성 노동자 중심주의에 머물게 되는 왜곡을 낳을 수 있습니다.

진보운동 내부의 물적 토대 문제와 얽히면서 민주노총이 가진 기반은 천 만 비정규직이나 프레카리아트와는 거리가 아주 멀어졌습니다. 지체 현상이라고 불러야 할까요. 노동 탄압에 맞서 노동의 단결과 중심성을 강조했는데 그 근처에 이르기도 전에 노동의 분화와 위계화가 일어났으니까요. 이제 노동자가 하나가 아니듯 자동화, 전산화, 정보화, 인공 두뇌 등 기술 발전으로 완

●   《사회변혁노동자당 대안모색토론회: 복지국가론·기본소득론·사회화론》
자료집, 2016년 4월 29일.

전 고용의 가능성도 이미 과거의 일이 되었습니다. 기본소득제가 사실 그렇게 쉬운 문제는 아니겠지만 인간 존재의 조건은 기존 노동운동의 틀을 넘어섰다는 점에서 출발해야 할 것입니다.

  그리고 한국의 사회구조 자체가 인간이 살기에 너무 팍팍해졌으니 보수 세력도 제한적이지만 노인들에 대한 일종의 기본소득제(노령 기초 연금) 같은 걸 실시하려 하지 않았습니까? 청년들이나 농민 같은 특수한 계층에 대한 기본소득 같은 것도 얼마든지 의제화할 필요가 있고 또 분위기도 충분히 조성되고 있습니다.

  그러니까 기존의 노동주의나 노동운동의 상상력에 갇혀 있으면 안 됩니다.

  천정환　　그게 어떤 걸 말하는 건가요? 노동주의라는 게 노동계급 중심주의를 말하는 겁니까?

  홍세화　　그렇죠. '노동중심성'이죠. 잘 아시는 바와 같이 민주노동당에서부터 우리가 갇혀 있었던 틀, 북구식 사민주의가 갇혀 있는 문제가 바로 그것입니다. 그러니까 소위 레이버리즘laborism(노동중심주의)은 전통적인 의미의 대공장 프롤레타리아의 정치적 선도성을 의미하는 것이었습니다. 이에 근거한 정치운동이 진보정당 운동이고 한국의 노동자 정치운동도 그랬습니다. 그런데 이미 지금은 노동을 둘러싼 상황이 달라지고 있다는 것이고요. 최근 기아 자동차에서 비정규직을 포괄한 기존의 1사1노조에서 정규직 노조를 분리하는 안건을 놓고 조합원 총투표가 있었는데 70퍼센트 넘게 찬성이 나왔습니다. 민주노총 금속노조 소속 조합원들이 연대보다는 '홀로서기' 또는 '홀로 살기'를 택한 것이지요. 하청업체 소속 비정규직 노동자는 수요 증감에 따른 완충 역할을 맡는 셈인데 그만큼 위험 부담을 안고 있으니 정규직에 비해 임금이 높아야 합리적인데 오히려 60퍼센트선에 머물고 있습니다. 기아차 노조의 결정은 정규직이 누리는 비합리적인 기득권을 양보할 수 없다는 것과 같습니다. 비정규직을 착취하는 데 있어서 자본과 거의 공모 관계 수준에 있다고 말해야 할 지경입니다. 이런 상황에서 노동주의는 허망한 것이지요. 그렇다면 새로운 보편적 전제 조건은 뭐냐는 것입니다.

천정환　　　그러나 언제 우리가 스웨덴처럼 해봤냐, 가져보지도 못한 노동중심성을 왜 포기하느냐는 반론도 만만치 않을 듯합니다.

홍세화　　　일리가 있습니다. 우리 사회에서는 사민주의 같은 것도 결국은 무척 어려운 전망입니다. 정치적으로도 그렇지요. 이를테면 쌍용자동차만 봐도 알 수 있지 않습니까? 거기서 2,646명이 정리해고될 때 어떤 모습을 보였는지, 일방통행밖에 없다는 거죠.

그러나 노동을 둘러싼 상황은 분명 달라지고 있습니다. 완전 고용 상태 같은 걸 전제하고 또 그런 게 가능했던 사회에서 고안된 진보 노선은 변해야 합니다. 지금 일자리 구조 자체가 변하고 있습니다. 서비스 노동과 감정 노동이 사회적으로 더 중요해졌지만 기존의 노동주의는 이를 포괄하지 못합니다. 민주노총 중심의 노동운동을 완전히 부정할 수 없지만 변화와 새로운 균형감각이 필요하다는 생각입니다.

천정환　네, 균형감각을 갖춰야죠. 그러니까 말하자면 구좌파와 신좌파 아이디어의 조화를⋯ 기본소득론이 상당히 '포스트모던'하기도 합니다.(웃음) 우리는 사민주의적인 전망조차도 사실은 불가능한 그런 사회인데 이제 20세기적이고 맑스주의적인 전망과 노동중심성을 벗자는 것도 좀 성급해보이기는 하지요. '탈노동'은커녕 여전히 일을 한두 달만 못하면 생계 전체가 위협받는 계층과 일자리 자체가 필요한 청년들과 빈곤층이 많고, 노조 조직률이 10퍼센트밖에 안 되는 사회잖아요. 아무튼 기본소득제는 범진보 안에서는 물론 우파와 일반 시민을 설득하기 쉽지는 않을 듯합니다.

홍세화　그렇지만 민주노동당 시절에 '무상교육·무상의료'를 얘기했을 때만 해도 많은 사람들이 "저건 빨갱이들이다"라는 얘기를 많이 했습니다. '무상'이라는 말 자체에 거부감이 많았는데 시간이 지난 후에 이제 무상교육·무상의료에 대한 거부감은 없어졌습니다. 그 말에는 대중이 익숙해진 반면에 과연 무상교육, 무상의료를 우리가 획득하려면 어떤 힘이 필요할까? 이 점에서 의미 있는 진전은 없잖습니까? 여기에 많은 고민이 필요합니다.

제가 기본소득제에 더 관심을 갖고 여기에 집중해야 되겠다는 생각을 가진 것은 다른 대안보다도 '총체성'을 갖고 있다는 운동적 감각에서입니다. 무상교육 이슈를 예로 들면 사실 제일 큰 문제는 사교육이나 대학 등록금 문제일 수 있잖아요? 그런데 지금 초등학생 아이를 둔 부모들은 자기와는 상관없는 먼 일이라고 생각하는 경향이 있습니다. 소구력이라는 면에서 보면 대학 등록금 문제는 좀 약합니다. 자녀가 어린 분들은 '그거 아직 멀었는데'라 생각하고 대학 다니는 애들 둔 부모는 '지금 싸워도 뭐 이제 애들 다 졸업할 건데' 이렇게 생각할 수 있고요. 무상의료도 마찬가지죠. 자기 문제임에도 '병 안 들면 되지'라는 식으로 생각하기 십상입니다. 이런 데 비하여 기본소득제는 설득하고 구체적으로 얘기하면 바로 그것이 소구력이 있다고 보는 거죠.

천정환　　　어떤 면에서 그럴까요? 제가 대학생들에게 만약 매달 50만원씩 생기면 어떨 거 같냐고 물었더니, 삶이 많이 달라질 거 같다 했어요. 특히 지방 학생들이 주거비 같은 데서부터 확 여유가 생기니 책을 사거나 미래를 위해 저금을 할 거 같다고 했어요.

홍세화　　　맞습니다. 그러니까 각자가 가장 필요하다고 느끼는 부분에 쓸 수 있는 돈을 준다는 거죠. 의료비가 됐든 교육비가 됐든 주거비가 됐든. 이런 점에서 기본소득제는 소구력이 크다고 저는 감각적으로 보고 있는 거죠.•

천정환　　기본소득제는 기존의 복지 급여 제도와의 관계를 어떻게 정리할 건가가 또다른 큰 이슈라 합니다. 그러나 구더기 무서워 장 못 담길 건 아니죠. 이런저런 복지제도가 있어도 가구당 60~100만 원, 청년 한 사람 당 30~50만 원 정도의 기본소득 있다면 사회가 달라질 거 같습니다. 그리고 응용된 기본소득제를 주장하는 논자들도 있으니 지속 가능한 재원에 대해 더 토론해야 할 듯합니다.

벌써 기본소득제에 대한 논의가 다양해지고 있는데 서울시나 성남시의 아이디어는 계층별 또는 세대별로 먼저 접근하는 것, 그러니까 농민과 청년, 또는 노인이나 유아라든지….

홍세화　　저는 실제 시행되는 과정에서 우리가 힘을 갖게 된다면 원래의 기본소득제가 가진 세 가지 기본 원리인 보편성,

---

●　　기본소득제는 탈-중심화된 사회, 다원적 다중의 사회의 문제의식과도 닿아 있다. 금민, 〈탈자본주의 이행과 기본소득 전략〉《사회변혁노동자당 대안모색토론회: 복지국가론·기본소득론·사회화론》자료집, 2016년 4월 29일, 14면. "신자유주의에서 근대적 문맥의 대중은 더 이상 존재하지 않는다. 그렇기에 이미 단일하게 형성되어 있고 작용에 대하여 단일한 반응을 보이는 대중에 대한 개입으로서 정치 전략을 설계할 것이 아니라 해체된 개별을 대중으로 재형성하는 방향에서 정치 전략을 설계되어야 하며, 거기에서 관건적인 것은 어떻게 실효적인 공통 요구를 형성할 것이며 어떤 방식으로 공통의 요구를 많은 개별에게 기입할 것인가의 문제이다. 성공한 이행의 모델로서 아직 채 검증되지는 않았지만, 2008년 이후의 정치적 사태들은 기본소득이 그러한 실효적 공통 요구가 될 가능성을 가지고 있다는 점을 충분히 보여준다."

무조건성, 개별성이 관철되기를 바랍니다. 그러니까 묻지도 따지지도 않고 누구나, 이 사회의 구성원 모두에게 준다. 이 사회에 존재하는 모든 인간에게 이 사회가 갖고 있는 부를 나누어 공유한다. 어떤 시정부나 이런 차원이 아니고 전국 어느 곳에서나. 어느 곳에서나 개별적으로 준다는 것에서 여성의 해방문제도 관련된다고 보는데요. 자본주의체제의 경제 단위는 잘 알다시피 국가와 기업 그리고 가정입니다. 가부장제가 아무리 약화된다고 해도 가정의 구성원으로 묶여 있는 여성의 대부분은 남성에 비해 약자의 자리에 있을 수밖에 없고 경제적으로도 가정, 즉 남성에게 의존하게 됩니다. 기본소득의 개별성은 경제 단위를 개인으로 확장시킴으로써 여성의 경제적 독립에 기여한다는 점은 분명하지요. 가령 한국의 연령별, 성별 빈곤 상태를 보면 50대 여성이 가장 가난합니다. 송파 세 모녀의 경우는 그 자체로 기본소득의 긴박성을 말해주지만 동시에 그들이 여성이어서 가난에서 벗어나기 어려웠다는 점도 간과해선 안 될 것입니다. 이 점을 확장시켜 사고하면 수많은 여성이 각 가정에서 경제적인 속박 때문에 남성이 강요하는 굴종을 견디고 있다고 볼 수 있다는 겁니다. 여성이 이혼하기 어려운 이유도 마찬가지지요.

그러니까 현대 사회를 사는 사람들을 불안하게 하는 게 여러 가지가 있는데, 주거, 교육, 건강, 노후, 고용 등입니다. 첫째는 바로 주거 문제, 결국 인간의 존엄성에 맞는 주택과 주거 환경을 가질 수 있을까? 그다음에 자식을 낳았는데 교육·양육을 제대로 시킬 수 있을까? 그다음에 자기가 병이 들었는데 돈이 없다고 치료받지 못하는 상황이 오지 않을까? 또 나이 들었는데 돈이 없어 길거리에 나앉지 않을까? 등등. 그다음에 제대로 된 일자리를 가질 수 있을까? 이런 모든 불안 요인들을 하나하나 따져서 각개 격파하기에는 시간도 너무 많이 들고, 행정력도 많이 듭니다.

그러니까 각자의 필요성에 맞춰서 일단 다 얼마씩은 주는 걸 토대로 자기가 가장 급하다고 생각하는 것에 알아서 돈을 쓰도록 하는 편이 더 효과적이란 겁니다.

천정환   '무상의료·무상교육' 같은 복지국가와 사회주의의 오랜 의제보다도 오히려 기본소득제가 더 설득력·소구력이 있다는 건 정말 음미를 더 해봐야겠습니다. 이 제도에서는 시혜의 의미가 다르기도 하고 어떤 면에서는 자유주의적이기도 합니다. 자본주의를 부정하지도 않는 거 같습니다. '알아서' 소유와 소비의 주체가 되는 거니까요. 현실 사회주의는 나름 무상주택·무상교육·무상의료를 했지만, 사람들이 늘 소유와 소비의 개인적 '욕망' 때문에 갈등과 불만을 가졌다고 들었습니다.

홍세화   이 기본소득제란 건 이론적으로는 좀 특이한 면이 있습니다. 뭐랄까요? 말씀하신 것처럼 일단 일정 액수를 받아 가지고 자기가 필요한 데에다 쓰는 거니까 사회주의적인 건 아닌 느낌도 들기도 하고요. 실제로 사회주의의 틀에 집어넣기는 대단히 어려운 것 같고요.

어쨌든 이 제도가 새로운 인간상·인간관계를 창출할 수 있지 않을까? 특히 저고용과 장기불황이라는 새로운 상황이 지속될텐데 거기서부터 일정 정도 벗어날 수도 있고요. 인간이 자기실현을 할 수 있는, 그런 폭이 훨씬 더 커지는 점도 있을 것 같습니다. 실제로 나미비아의 예는 재미있지 않습니까? 나미비아의 한 마을에 독일의 한 시민단체가 월 2달러인가 얼마를 지속적으로 주니까 사람들이 더 합리적으로 미래를 계획하고 실행했다는 거죠.

이건 일정 정도의 돈이 지속적으로 들어온다는 걸 알게 되니까 생긴 효과입니다. 먹고살게 되니까 돈을 펑펑 쓰는 게 아니고요. 우리가 상상력을 발동해보면 우리가 얼마만큼 미래에 대한 불안 때문에 오늘을 저당잡히고 살고 있는지, 오늘을 잃어버리고 있는지를 알 수 있지요. 나의 삶과 오늘 자체를 끊임없이 잃어버리는… 그런 점에서 인간 해방의 어떤 모티브도 기본소득제 안에 들어있다고 봅니다.

천정환   《말과 활》12호에 나온 두 개의 글에 도움 받았습니다. 기본소득에 관한 이재명 성남시장 서면 인터뷰(정용택 글)가 있고요, 그리고 김원태 씨의 〈가치법칙 비판과 기본소득〉이라는 글이 영역별로 기본소득제에 대한 논쟁점을 열거하고 정치경제학의 기본 개념들과의 관계를 설명해주고 있어요. 저는 문화학 공부하는 사람으로서 당연히 노동과 일상 문화에 대한 기본

소득제의 영향, 그리고 소비주의와 민주주의 문제 등에 특히 관
심이 갑니다. 기본소득 문제는 단지 '복지'가 아니라 자본주의의
폐단과 소위 '4차 산업혁명'이 야기할 변화에 대해서 어떤 사회적
대안이 가능한가 하는 사회과학 궁극의 문제이며, 그래서 어떤 인
간상과 사회적 관계를 꿈꾸느냐 하는 인문학의 문제이지요.* 전에
서울시에서 청년수당 문제가 논란이 될 때 청년들이 생긴 공돈

---

*   3개 영역 12개의 논점은 다음과 같다.
= 일국의 구체적 사회정책의 지평
1) 지급액수와 재정조달 문제,
2) 기본소득과 기존의 사회보장의 관계 문제,
3) 전면적으로 도입할 수 없을 경우 청년, 노인, 농민 등 기본소득 수급대
상의 선정 문제,
4) 기본소득의 법제화를 위한 대중동원과 의회 다수파 형성의 문제 등

= 보다 일반적이고 지구적인 지평
5) 취업노동과 임금노동에 대한 영향 문제,
6) 일상문화에 대한 영향 문제 혹은 자본주의적 소비주의로의 포섭 문제,
7) 기본소득과 국가의 역할의 관계 문제,
8) 민주주의의 실제적 기초로서의 기본소득의 역할 문제,
9) 여성해방에 대한 영향 문제,
10) 기본소득의 재원으로서 세계경제적 혹은 제국주의적 초과이윤의 정당
성 문제와 기본소득 수급대상으로서의 이민자 문제

= 자본주의사회를 넘어서는 대안사회의 구상의 지평.
11) 기본소득이 노동력의 탈상품화를 통해 생산관계의 변화를 초래할 수
있는지, 아니면 자본주의적 분배관계만을 제한적으로 변화시킬 뿐인지에
대한 문제,
12) 기본소득이 자본주의적 화폐물신을 벗어날 수 있는지

으로 술 사 먹는다 어쩐다, 이런 우파적 걱정(?)과 그에 대한 반론이 있었지요. 가장 제 마음에 들었던 반론은 "술 좀 먹으면 어떠냐?"는 거였어요. 왜 재벌이나 최순실 같은 자들은 하룻밤 수백·수천만 원을 쓰고 '자아실현' 하느라 몇십 억짜리 말도 타고, 몇천만 원 짜리 레슨도 받는데 말예요. 정규직 직장인들에게는 해외여행이 중요한 취미가 된 지 오래고요… 몇만 원 술 먹는 게 핑계면 안 되지요.

이건 뭐 맹자의 "항산恒産이면 항심"과 같은 개념이기도 한데요. 말씀대로 정기적인 '가처분 소득'이 있으면 아마 거의 대부분의 사람들은 미래를 합리적으로 계획하고, 뿐만 아니라 오늘 자체를 보람 있는 자기의 시간으로 만들 게 분명합니다. 혹 복지 때문에 민중이 일을 안 할까, 게으름 피울까 걱정하죠. 김무성 같은 돈 많은 우파 엘리트들의 걱정이지요.

지금 우리가 어떤 희망적인 전망을 젊은이들에게 줄 수 있는지가 가장 중요한 사회적인 고민거리여야 하고, 또 진보정치의 재생을 위해서도 중요한 거 같습니다.

진짜 사회 공부를 하자

천정환   기본소득 같은 문제는 자본주의의 폐단을 넘어서 어떤 사회적 대안을 우리가 찾아나갈 것인가의 문제입니다.

궁극적인 사회과학이며, 또한 어떤 인간상과 관계를 꿈꾸느냐이
니 인문학이기도 합니다. 그런 대안에 대한 공부는 보통 자본주
의에 대한 공부 다음 단계에서 행해지는데요. 하지만 뭐 순서는
관계없다고 봅니다.

홍세화　　한국에서는 자본주의에 대한 비판적 인식 자체
가 너무 부족합니다. 시민성 교육이랄까요? 연대에 대한 공부나
경험도 너무 없습니다. 프랑스만 해도 초등학교 때나 중학교 때
이를테면 노조를 방문한다거나 중학교 3학년 때 모의 노사 문제
해결을 하는 수업이 있습니다.

천정환　　와, 중학교 때요?

홍세화　　예. 제 아이들이 그런 교육을 받는 걸 봤습니다.
고등학교 2학년 때는 아이들 글쓰기 과제 주제가 '노동조합이 민
주주의 발전에 미치는 영향'이더라고요. 프랑스만 해도 북유럽
이나 독일에 비하면 그런 부분에 있어서 부족한 면이 있는 사회
인데도 그렇습니다. 교육이 나름 '민주화'돼 있기 때문에 가능하
겠죠. 자본주의 사회에서 산다면 이건 논리적으로 너무나 당연한
일이죠. 사회 과목에서 자본주의 사회에 대해서 공부하는 건 너
무나 당연한 거죠.

　　그러나 우리의 경우에는 그런 게 거의 없는 거죠. 고등학
교를 나와도 자본주의 사회에 대한 비판적 인식 능력을 갖춘 사
람이 거의 없어요. 이 점 역시 분단모순과 맥락이 맞닿아 있겠지

요. 그래서 제가 자주 강조합니다만, 너무 많은 사람이 존재를 배반한 의식을 교육 과정을 통하여 형성하게 되는 겁니다.

　　천정환　　한국 고등학교 사회 시간엔 반공 교육을 하겠지요. 요새는 어떤지 모르겠습니다. 저는 대학에서 인문학 고전 강의할 때 정치경제학 책을 함께 끼워서 강의합니다. 요새는《데이비드 하비의 맑스 '자본' 강의》를 읽히는데요. 정말 비명 소리 나옵니다. 물론 조금 어렵긴 한데, 기본적으로 사회과학의 언어와 논리가 생소하기 때문에 그렇습니다. 그래도 이거 읽으면 보람 있었다고 하는 학생들이 많습니다. 워낙 오늘날 대학에 대학다운 수업도 적어져서…

　　홍세화 선생님께서는 어떤 책을 학생들이나 젊은 친구들에게 권하시는지 궁금합니다.

　　홍세화　　글쎄요, 수많은 책들 중에 제가 독서량이 충분치 않기 때문에 특정 책을 추천한다는 건 어쭙잖은 일일 것 같습니다. 그럼에도《공산당선언》《정치경제학 비판》이나《자발적 복종》처럼 꼭 읽었으면 하는 책이 있지요.《전태일평전》《대한민국사》같은 책들도 그렇고요. "독서는 사람을 풍요롭게 하고 글쓰기는 사람을 정교하게 한다"고 했습니다. 청년들은 물론 일반 시민들도 쑥쑥 성숙한다는 느낌을 갖게 하는 책들, 그래서 향유를 누릴 수 있게 하는 책들과 만나기를 바랍니다. 글쓰기도 다양한 방식으로 시도하기를 바라지요.

천정환　　데이비드 하비를 읽다가 경제사나 경제학에 관심이 생긴 학생들한테는 장하준 교수의《경제학 강의》나 정태인·이수연의《협동의 경제학》, 토마 피케티의《21세기 자본》도 읽어보라 합니다. 글로벌 자본주의나 세계화의 문제점에 관심이 있으면 장하준의《그들이 말하지 않는 23가지》나 데이비드 하비의《자본의 17가지 모순》도 괜찮고요. 페미니즘에 관심 있는 학생에겐 마리아 미즈의《가부장제와 자본주의》가 필독서라 보입니다. 마르크스주의 고전에 관심이 생긴 친구들한테는《공산당선언》이나《자본론》원전 그리고 한국 사회의 가난이나 노동에 관심이 생긴 친구들에게는《사당동 더하기 25》《인간의 조건》등을 권했습니다. 그리고 근로기준법과 근로기준법 시행령도 읽어보게 합니다. 학기 중에도 알바하는 학생들 많거든요. 기본소득 문제에 대해 관심을 가진 분들이 참고해야 할 건 뭐가 있을지요?

홍세화　　한국 상황에 머물지 말고 기본소득과 관련된 세계 동향에 관심을 가졌으면 좋겠습니다.《녹색평론》이 중요의제로 계속 다루고 있습니다. 책으로는 최근에 나온 오준호의《기본소득이 세상을 바꾼다》가 폭넓게 읽히면 좋겠고요. 다니엘 라벤토스의《기본소득이란 무엇인가》와 판 파레이스의《모두에게 실질적 자유를: 기본소득에 대한 철학적 옹호를》도 읽기를 권합니다.〈기본소득한국네트워크〉의 활동에 관심을 갖고 동참하면 더욱 좋겠지요. 그런데 기본소득에 관한 공부도 그 자체만으로는 깊이를 갖기 어렵고 인문·사회과학 전반에 관한 공부와 만나야 되겠지요.

　　천정환　　　기본소득론의 쟁점·논점 안에서 노동의 미래와 인공지능·4차 산업 문제가 중요한 포인트고요. 그래서 에릭 브린욜프슨, 앤드류 맥아피의《제2의 기계 시대》, 마틴 포드의《로봇의 부상》이나 팀 던럽의《노동 없는 미래》같은 책이 이런 문제를 잘 정리하고 있어 많이 읽히는 모양입니다. 녹색당 대표였던 하승수 변호사의《나는 국가로부터 배당받을 권리가 있다》는 배당 문제, 기본소득론 고유의 현금 지급의 아이디어를 이해하는 데는 원제목이 제임스 퍼거슨의《분배정치의 시대》가 좋고 케이시 윅스의《우리는 왜 이렇게 오래, 열심히 일하는가?》는 무조건 일을 신성시하는 노동윤리를 비판하면서 페미니즘과 기본소득의 관계를 잘 보여준다 합니다.•

•　　　새로운사회를여는연구원(새사연) 부원장을 지냈던 김병권 선생님 페이스북에서의 추천 도서 목록을 참조.

공부 다섯:
초일국적 사회와 지정학

프랑스와 유럽연합

홍세화는 프랑스에서 1970년대 말부터 1990년대까지 20
년간 살다 왔다. 프랑스 정부가 '난민'으로 인정해줬기에 직업을
갖고 살며, 아이들도 낳아 길렀다(성인이 된 그들은 프랑스에서 활동
한다). 부인도 프랑스와 서울을 오간다. 그래서 홍세화가 '프랑꼬
필르francophile(프랑스를 좋아하는 사람)'처럼 되고 진보나 대안을
말하기 위한 화법으로 "프랑스 같은" "프랑스에서는"을 문두에
서 꺼내는 것은 자연스러운 일인지 모른다. 물론 이런 점을 비판
하는 사람들도 있다. 프랑스 사회가 모순 없는 사회도 아니다. 아
무래도 우리 대화 중에는 자연스레 프랑스가 화제로 떠오른 적이
많았다. 2015년 11월 13일의 파리 테러, 프랑스 출신 경제학자
로서 한국에서도 선풍을 일으킨 피케티의 책 같은 것에 대해서도
이야기를 나눴다.

　　《르몽드 디플로마티크》한국판 편집장을 지낸 적 있는 홍세화는 한국에서 프랑스뿐 아니라 유럽 정치와 역사에 대해 이야기해줄 수 있는 몇 안 되는 사람 중의 하나다. 독재정권에 저항하다 망명객이 되었던 홍세화가《르몽드 디플로마티크》한국판의 주간 역할을 한 것은 상징적인 일이다. 한국은 늘 지정학적 위기 상황에 있으면서도 (또는 오히려 그렇기 때문에) 세계를 있는 그대로 볼 힘이 없고, 세계 전체에 대한 인식의 수준도 낮다. 역내 강대국의 시선이나 냉전의 틀을 벗어나 세계를 상대해본 적이 거의 없기 때문이다. 세계 정세의 한 축을 좌우하는 유럽이나 아랍의 문제에 대해서도 언제나 제한된 지식과 정보뿐이다. 그래서《르몽드 디플로마티크》같은 잡지는 중요해 보인다. CNN을 통해서만 세계를 이해하거나 일국적 관점과 'GDP 인종주의(잘 사는 나라 사람만 인간 취급하는 행태)'에 빠져 있는 것은 한국 사람들 뿐만은 아니지만, 이를 지양하는 데 여행과 이런 매체가 도움이 될 것이다.

　　천정환　　선생님 경력 중에 눈에 띄는 게《르몽드 디플로마티크》한국판의 주간을 역임하신 겁니다. 이 잡지는 어떤 잡지인가요? 왜 볼 필요가 있을까요?

　　홍세화　　국제 관계 문제를 진보적인 시각에서 다루는《르몽드 디플로마티크》는 일간지 〈르몽드〉의 자매지이지만 〈르

몽드〉와는 인적 구성이나 재정 운영 등에서 완전히 독립된 월간
지입니다. 점점 오른쪽으로 기울고 있는 〈르몽드〉와 달리 디플로
는 진보 좌파의 성향을 지키고 있는데 그래서 간혹 본지인 〈르몽
드〉의 논조를 비판하는 기사가 실리기도 합니다. 개인적으로 《르
몽드 디플로마티크》를 프랑스에서 처음 접했을 때 반가움이랄까,
감흥은 이루 말할 수 없었습니다. 여기에는 제 나름의 사연이 있
습니다. 제가 외교학과를 다녔잖아요. 외교학과 학생들은 대부
분이 외교관을 지망하고 또 적잖이 외무직 시험을 거쳐 외교관
이 되기도 했는데요, 제가 외교학과 공부가 시들해진 데에는 한
국의 외교 총량이 미국 국무부의 동아시아 담당 차관보 한 사람
의 역량에도 미치지 못한다는 것을 알게 된 것도 중요한 배경의
하나였습니다. 지금은 한국 외교에 그나마 운신의 폭이 열려 과
거와 달라졌다고 할 수 있지만 제가 대학에서 공부할 때인 박정
희 정권 시절에는 그런 상황이었거든요. 교수들의 수업 내용도
미국 중심의 시각에서 벗어나지 못했고 강대국의 논리가 관철되
는 국제 관계를 비판적으로 접근하지도 않았습니다. 그래서 전공
학과의 공부인데도 흥미를 잃어 거의 하지 않았는데 르몽드 디플
로마티크를 만나게 됐던 것이지요. 《르몽드 디플로마티크》가 '외
교적인 세계' '국제적인 세계'를 뜻하지 않습니까? 그야말로 〈르
몽드 디플로마티크〉를 통하여 제가 공부하고 싶었던 전공 공부를
제대로 하게 된 것이었습니다. 열심히 읽었습니다. 사전 찾아가

면서요. 저는 말하고 싶습니다. 미국 등 강대국 중심의 시각에서 벗어나 약육강식이 관철되는 국제 사회에 대한 비판, 금융자본주의 체제와 세계화가 잉태한 문제들, 성장주의와 기후문제 등 오늘 세계가 당면한 문제들에 대해 균형 잡힌 시각을 갖기를 바란다면 디플로를 읽으라고요. 프랑스에서 나오는 국제 관계 월간지이니만큼 중동이나 아프리카 등 우리와 먼 지역을 상대적으로 많이 다루는, 우리로선 아쉬운 점이 있지만, 그만큼 프랑스가 미중러일이라는 우리의 주변 4강국들과 등거리를 유지할 수 있다는 점이기도 할 것입니다.

　　천정환　　숙명의 지정학을 가진 한반도 사람들은 국제 관계학이나 외국학이 더 많이 필요한데, 오늘날 오히려 이런 힘은 더 약화된 게 아닌가 싶습니다. 너무 학계나 주류 언론, 또 주류 사회가 미국에 치우쳐 있습니다. 특히 오늘날 인문학 교육의 새로운 주요 과목으로 다문화나 글로컬리티가 중요해졌는데도 말이죠.

　　홍세화　　중요한 지적입니다. 정희진 씨가 지적했듯이 미국에 갈 때 "나, 이번에 미국 들어가"라고 말하는 사람들이 한국 사회를 지배하고 있지요. 특히 학계도 그렇고 언론도 마찬가지지요. 중국이나 러시아에 가면서 '들어간다'고 말하는 사람은 거의 없을 것입니다. 무의식중에 미국이 자기 나라라는 걸 드러낸 셈이지요. 중국의 부상 등 지정학, 지경학적으로 우리를 둘러싼 세계는 급변하는데 미국 중심 시각에 머문 사람들이 한국 사회를 계속 지배하는 데서 오는 지체의 문제가 앞으로도 오랫동안 우리를 옭아맬 위험이 있습니다.

천정환   선생님께서는 프랑스 책들도 많이 번역하셨습니다. 최근 한국에서는 어문학과의 대학원이 망하다 보니까 영어, 일어, 중국어 외의 외국어 책을 번역할 만한 사람이 없어져간다 합니다. 특히 사회 전체의 독일어나 프랑스어 실력이 형편없어져가고 있는 거죠. 그러니 독일이나 프랑스의 수준 높은 인문·사회과학을 수용할 힘도 없어져가는 건데요.

선생님께서는 번역자로서《세계는 상품이 아니다》《인종차별, 야만의 색깔들》《보거를 찾아 떠난 7일간의 특별한 여행》《진보는 죽은 사상인가》《민주주의의 무기, 똘레랑스》등을 번역하셨습니다. 최근에는《파리코뮌 민중의 함성Cri du peuple》이라는 만화도 번역하셨던데요. 선생님께 번역 작업이 어떤 의미를 지니는지요?

홍세화   사실 제가 번역을 한다는 것은 애당초 제 생각 바깥의 일이었는데〈르몽드〉기사를 번역하는 일로 시작하게 되었네요. 천 선생이 지적하신대로 한국 사회 전체에 프랑스어나 독일어 능력은 과거에 비해 오히려 약화되는 게 아닌가 싶습니다. 언어는 곧 사유이며 문화인데 프랑스나 독일이 품고 있는 인문사회학과 접촉하기 어려워진다는 것은 실로 안타까운 일이지요.

번역은 작업을 한 시간만큼 진전이 있다는 점에서 제게 번역은 단순노동에 가까운 것 같습니다. 무척 어렵기도 하지요. 저의 불어 능력이 수준에 이르지 못한 탓이 크겠지요. 그런데 번역 작업을 하면서 자주 느끼는 일입니다만, 프랑스어 능력과 더불어 프랑스 사회와 문화를 아는 것 이상으로 중요한 게 한국어 역량이라는 점입니다. 제가 자주 그런 얘기를 합니다. 우리가 영어를 공부하는 시간과 노력의 절반을 떼어내 한국어 공부를 하면 얼마나 좋겠느냐고 말입니다. 우수리로 남는 게 있다면 프랑스어와 독일어를 공부하고요. 말이 사유고 사유가 곧 말이라고 할 때, 한국어로 사유하는 우리가 아무리 영어를 잘한다고 한들 한국어로 사유하는 층위 너머로 잘할 수는 없으니까요. 마음결, 비단결이라고 말할 때 사용하는 '결'의 고움이나 섬세함을 우리 마음들에서 잃어버렸다면 그만큼 한국어의 고움, 섬세함과 멀어진 탓도 있지 않을까 싶습니다.

천정환   번역자로서 한국의 번역 풍토에 대해 어떻게 생각하시는지요?

홍세화   저 자신이 수많은 오역을 저질렀을 수도 있어서 함부로 할 말은 아닙니다만, '말도 안 되는' 번역도 종종 보이더군요. 프랑스의 정치경제사회의 실제를 알지 못한 채 프랑스어 능력만으로 직역을 할 때 그럴 위험이 있거든요. 이런 일이 일어나는 것도 따지고 보면 번역자들 대부분이 열악한 환경에 처해 있기 때문이겠지요. 역량 있는 번역자를 길러내기 위해서는 시장에만 맡길 게 아니라 국가 차원의 양성과 지원 체제가 꼭 필요합니다. 언어는 앞서 말했듯이 그 나라의 사유이며 문화라는 점에서 능력 있는 번역자를 양성한다는 것은 우리의 사유와 문화를 위해서도 대단히 중요한 일일 것입니다.

천정환   민주주의 혁명의 전통과 사회주의적 이상이 그래도 살아 있는 나라였기에 처음 '똘레랑스' 같은 가치를 내세우고 홍세화 선생님 같은 정치적 난민과 망명자들도 많이 받아줬지요? 그런 프랑스도 이젠 유럽 전체 또는 세계 전체가 앓는 병을 함께 앓고 있는 거 아닌가요? 바로 신자유주의와 대 아랍 문제 그리고 거기에 대한 즉자적 반응으로서의 '혐오'와 극우 민족주의의 대두입니다.

십수 년 사이에 프랑스 사회도 많이 바뀌었을 것 같습니다. 어떤 기사를 봤는데 프랑스 사람들 60퍼센트가량이 머지않은 장래에 폭동이 일어날 것 같다고 예상한다는 내용이었습니다. '이대로는 안 된다'는 공감대가 강한 듯합니다. 그게 어떤 방향으로 표현될지는 모르겠지만, 프랑스도 사르코지 이후 신자유주의 모순이 격화됐죠?

홍세화   그렇죠. 사르코지 정부 시절뿐만 아니라 그 이전에 미테랑의 사회당이 집권했을 때부터 이미 모순이 있었습니다. 정확히는 유럽연합에 들어가면서부터예요. 유로의 단일 통화가 되면서 한 나라가 재정정책 통화정책상 할 수 있는 운신의 폭 자체가 지극히 좁아졌죠. 비판적 지식인들 중에는 유럽연합에 들 어간 것이 문제라고 하며, 유럽연합 자체가 신자유주의 프로그램 이라고 주장하기도 합니다.

천정환　　그건 왜 그렇습니까?

홍세화　　그러니까… 우선 정치와 사회의 통합이 아니고 경제통합이라는 것이 그런 면을 가집니다. 가령 유로화 출범과 함께 통화 가치의 안정을 목표로 한 성장안정협약을 예로 들 수 있습니다. 이 협약의 주된 내용은 각 국가의 재정 적자를 국내총 생산의 3퍼센트, 국가 채무는 60퍼센트를 넘지 못하도록 제한했 습니다. 가입국들은 재정정책을 펴는 데 있어서 운신의 폭이 지 극히 좁아졌지요. 경기가 위축되어도 정부 지출을 늘리는 공세적 대응을 펼 수 없게 되었으니까요. 유로화 가치의 안정을 위해서 라고 하지만 결국 자본을 통제해야 할 국가의 역할을 축소 제한 시킨 셈이 되었고 그래서 일부 비판자들은 이를 가리켜 신자유주 의적 족쇄라고 부르기도 합니다.

　　많은 나라들이 하나의 통화를 사용하는 유로화는 분명 이 상적인 면이 있습니다. 하나의 통화를 사용하려면 그 전에 정치 사회제도 면에서도 그에 상응하는 통합이 이루어져야 하는데 먼 저 단일 통화를 만들어놓고 이 통화의 안정을 최우선 과제로 하 다 보니 정치가 경제의 하위 부문으로 꼼짝 못하게 되는 결과를 빚었다고 할 수 있습니다.

　　천정환　　다른 유럽연합 국가보다 특히 더 프랑스 경제가 잘 안 되는 이유가 있습니까?

　　홍세화　　프랑스뿐만이 아닙니다. 이탈리아, 스페인, 그리스 등 남유럽 나라들은 프랑스보다 더 열악하다고 할 수 있습니다. 일부 논자들은 유럽연합에서 탈퇴하고 남유럽 나라들만의 '지중해 연합'을 새로 결성해야 한다고 주장하기도 합니다. 유럽연합에서 독일이 맹주라는 것은 잘 알려진 일입니다. 우리 눈에 쉽게 보이는 자동차 산업을 통해서도 금세 알 수 있듯이 제조업 분야에서 독일은 산업 기반도 튼튼하고 생산성도 높아서 다른 나라들이 경쟁력을 따라잡을 수 없는 수준이지요. 사실 독일과 프랑스가 단일 통화를 사용한다는 게 프랑스에게 무리가 될 수밖에 없다는 것은 짧은 과거만 되돌아봐도 곧 알 수 있습니다. 가령 유럽석탄공동체를 시작했을 때 독일 마르크화와 프랑스 프랑화의 가치를 1:1로 시작했는데 유로화로 단일화될 때 마르크화의 가치는 프랑화의 3배 이상이었습니다. 프랑화가 계속 평가 절하되었던 것이지요. 유럽연합과 단일 통화 유로화는 남유럽 나라들에게 통화정책은 물론 공격적인 재정정책도 쓸 수 없게 만들었습니다. 프랑스를 비롯하여 남유럽 나라들은 모두 장기적 경기 침체, 높은 청년 실업률에서 벗어나지 못하고 있습니다.

　　천정환　　신자유주의가 지배적이게 된 것이 대략 40년 정도 되었고, 그사이 물론 사회주의권의 몰락이라는 큰 사건이 있었지만, 어쨌든 그 모순이 상당히 많이 누적된 상황이잖아요. 피케티의 《21세기 자본》 같은 책이 엄청난 선풍을 일으키는 것도 모순에 대한 사람들의 인식이 높아져 있기 때문이 아닌가 싶네요.

홍세화　　그렇습니다.

천정환　　그런데 사람들은 신자유주의와 자본주의의 모순에 대해 이전과 같은 '이상주의'나 '혁명적 대안'을 말하진 않는 거 같습니다. 다른 한편으로 각종 감시 장치를 통해 사회적 통제와 삶의 파편화는 더 강화됐고요. 그래서 어떤 사람들은 혁명의 가능성보다는 그 반대의 가능성, 즉 파시즘의 가능성에 대해 이야기를 많이 하는 거 같아요. 객관적으로 유럽에서 극우 정당들의 지지율이 엄청 높아졌죠.

홍세화　　그렇지요. 유럽이 그렇게 된 데에는 유럽의 전통적인 좌파 정당들에게 무거운 책임이 있다고 해야 할 것입니다. 신자유주의에 갇힌 탓도 있겠지만 집권 욕망이 정치 철학을 능가하면서 스스로 우경화의 길을 걸었으니까요. 그 결과로 나타난 것 중 하나가 극우 세력의 득세입니다. 사회주의권이 몰락한 뒤에 프랑스를 비롯하여 독일, 영국 등의 전통적인 좌파정당들인 사회당, 사민당, 노동당은 모두 중도화의 길을 갑니다. 사회주의권이라는 현실적으로나 이념적으로나 왼쪽으로 끌어당기는 힘이 사라진 뒤에 유럽의 좌파정당들에게 집권의 길은 스스로 오른쪽으로 가는 것이었지요. 그래야 표밭이 커지기 때문입니다. 이를 노골적으로 표현했던 것이 영국의 '제3의 길'과 신노동당이었고 독일의 '신중도Neue Mitte' 였습니다. 그런 우경화에 힘입어 집권에 성공하기도 합니다. 그러나 이미 이념이나 정책 면에서 좌파의 정체성에서는 많이 멀어진 다음이었지요. 과연 토니 블레어의 영국 노동당을 좌파 정당이라고 부를 수 있을까요? 독일의 사민당도 프랑스의 사회당도 집권을 하지만 과거의 사민당, 사회당이 아니었지요. 이런 흐름 속에서 그들이 대변해왔던 하층 노동계급과 서민들은 정치적 고아가 되는데 극우 세력이 이들을 공략하면서 정치적으로 영향력을 키우게 됩니다.

저는 이번 프랑스 대선에서 "복종하지 않는"당의 장 뤽 멜랑숑 후보에게 기대를 걸었는데 그야말로 2퍼센트가 부족해 결선에 나가지 못했습니다. 그래도 좌파 노선을 지키면서 20퍼센트 가까운 지지율을 보였습니다. 기본소득을 내걸었던 사회당 후보 브누아 아몽이 6퍼센트에 머물렀는데 장 뤽 멜랑숑과 미리 연합할 수 있었다면 아주 흥미로운 대선을 볼 수 있었을 텐데 아쉬움이 큽니다.

그럼에도 프랑스는 앞으로도 우리가 주목해야 될 사회가 아닌가 생각합니다. 피케티의 《21세기 자본》에서 흥미로웠던 것이, 서장 첫 부분부터 "사회적 차별은 공익을 바탕으로 할 때만 가능하다"는 명제를 제시하거든요. 그 명제는 사실 프랑스대혁명 때 '인간과 시민 선언' 제1조에 처음 나왔습니다. 공익이라는 개념이 워낙 포괄적이고 세심함과 명료함이 필요한 개념이긴 합니다만, 어쨌든 차별을 쉽게 인정할 수 없다는 강한 생각을 깔고 있는 겁니다.

그건 사실 바로 프랑스 공화주의의 가장 기본적인 출발점이기도 하죠. 그런 역사적 맥락이 있기 때문에 지금과 같이 불평등이 심화되고 또 고착화하는 것에 대해 공화주의와 맞지 않는다는 아주 넓은 공감대가 있는 거죠. 그것은 좌파적인 요구 이전에 있는 것으로, '사회정의'나 '공익'의 개념에 속하는 것입니다. 그러니까 프랑스에서는 신자유주의에서 비롯된 마찰이나 모순이 다른 나라에 비해 훨씬 더 강하게 나타납니다. 불평등의 고착 체계인 신자유주의에 맞서는 것, 그걸 루소가 말한 일반의지에 빗대어도 좋고, 그런 것이 프랑스 사회에 있는 게 아닐까 생각하는 거죠. 실제로 프랑스의 역사 자체가 사회의 불평등, 모순에 맞서 싸워온 면이 만만치 않은 건 사실이고요.

천정환　　(신자유주의적) 차별이 공익에 맞지 않는 것이라는 명제가 재미있고, 그런 차별과 공익의 대비 자체가 신선하게 느껴집니다. 그런데 다른 한편으로는 프랑스에서 어쨌든 인종 차별이나 극우정당이 득세하고 있고, 파리 테러에서 드러나듯 뚜렷이 우경화가 나타나고 있는 게 사실이잖습니까? 그 극우가 제2차대전 때의 파시스트나 나치와는 다르겠지요?

홍세화　　　프랑스에서도 극우 세력이 더욱 강력해지고 있다는 것은 이번 2017년 대통령 선거에서도 그대로 나타났습니다. 1차 투표에서 마린 르펜이 21퍼센트를 득표하여 24퍼센트를 득표한 중도의 에마뉘엘 마크롱에 이어 2위를 차지하여 결선 투표에 진출했으니까요. 결국 마크롱이 64퍼센트의 지지를 획득하여 당선되었습니다. 가까운 장래에 프랑스의 극우 세력이 대통령에 당선될 가능성은 없다고 하더라도 15년 전엔 2002년 대선에서 장 마리 르펜이 2위를 차지했던 때와는 큰 변화가 있다는 건 부정할 수 없습니다. 15년 전에는 장 마리 르펜이 결선 투표에 나가게 된 것에 모든 사람들이 이변으로 받아들였는데 이번에는 당연하다는 반응을 보인 것부터 달랐고, 또 15년 전에 자크 시락은 장 마리 르펜과 토론을 거부할 수 있었는데 이번에는 그렇지 못했습니다. 또 15년 전에는 82:18로 자크 시락에게 표를 몰아주었던 공화주의 연대 원칙도 많이 엷어졌습니다. 이런 변화에는 마린 르펜이 자신의 아버지이며 당의 창설자인 장 마리 르펜을 당에서 축출하는 행보를 보이는 등 스스로 "우리는 나치와 다르다"는 점을 부각시켰던 점도 조금은 작용했다고 할 수 있습니다.

　　최근 〈르몽드〉와 가진 인터뷰에서 레지스 드브레가 말했듯이 정치는 두 개의 구성 요소를 가집니다. 하나는 '공포'이고 다른 하나는 '희망'입니다. 극우 세력이 공포를 주된 무기로 사용하여 동원한다는 것은 누구보다도 분단된 우리가 더 잘 겪고 있는 일인데, 유럽의 극우 세력에겐 아랍, 무슬림, 난민과 테러가 있습니다. 이를 통해 공포심을 유발하는 동시에 지금 이렇다 할 희망이 보이지 않으니까 포함된 자의 기득권에 대한 우려를 강조하면서 타자, 특히 틈입자, 기존 틈입자와 앞으로 틈입할 타자들에 대한 배제와 차별, 혐오를 조장합니다. 그런데 유럽 극우 세력의 가장 중요한 근거인 아랍, 무슬림, 난민과 테러 중 특히 난민과 테러의 근거에는 유럽보다 미국이 존재한다는 점을 간과할 수 없습니다. 실상 유럽의 난민과 테러 문제는 미국이 저지르고 유럽이 그 대가를 치르는 양상이라고 해도 크게 틀린 얘기는 아니니까요. 따라서 경제적 측면에서 희망이 보인다면 유럽의 극우 세력도 약화되거나 소멸될 수 있다는 긍정적인 전망도 할 수 있다고 봅니다.

천정환 영국인들이 브렉시트를 결정하고 난 뒤 유럽연합의 앞날에 대한 이야기가 많더라고요. 아예 존속 자체가 어려울 거라 보는 사람들도 있고요. 전망을 어떻게 보시는가요?

홍세화 저도 브렉시트 이후 유럽연합의 전망에 대해 관심이 많아서 〈르몽드〉에서 관련 기사와 토론문들을 찾아 읽었는데 필자들에 따라 전망이 엇갈리더군요. 브렉시트가 오히려 유럽연합에 전화위복이 될 거라는 글도 있는가 하면 도미노 현상이 일어날 수 있다는 전망도 있었어요. 그중 영국부터 브렉시트의 부메랑을 겪게 된다는 기사는 흥미로웠습니다. 영국의 정식 명칭

이 United Kingdom, 즉 "잉글랜드, 웨일스, 스코틀랜드, 북아일
랜드가 연합한 왕국"인데 브렉시트 찬반투표에서 영국 전체로는
52퍼센트가 찬성했지만 스코틀랜드는 62퍼센트, 북아일랜드는
56퍼센트가 반대했습니다. 따라서 브렉시트는 유럽연합에 남고
싶은 스코틀랜드와 북아일랜드에 잠재해 있던 독립의지를 더욱
강화시킬 게 분명합니다.

　　유럽연합에 대한 단기적 전망은 브렉시트가 어떻게 진행
될 것인지 그리고 각 나라, 특히 유럽연합의 쌍두마차라고 할 수
있는 독일과 프랑스에서 반유럽연합의 극우적 정치세력이 영향
력을 어디까지 키울 것인지에 의해 달라지겠지요. 저는 우여곡절
을 겪을 테지만 유럽연합이 해체의 길로는 가지 않으리라고 보는
편에 있습니다. 경제통합에 머물 것인가 아니면 정치사회통합의
어느 지점까지 나아갈 것인가의 '어떤' 연합인가라는 물음은 계
속 남겠지만요. 막연하지만 유럽연합이 오늘에 이르기까지의 역
사, 미국의 헤게모니에 대한 반사가 구심력으로 작용하리라고 봅
니다.

트럼프 집권 이후의 세계

천정환　　다시 '혐오'가 전 세계적인 화두가 되었습니다.
페미니스트들과 반인종차별주의자들이 가장 열심히 싸우지만,

트럼프 집권을 보니 뭔가 힘이 빠집니다. 미국 사람들 중에 멘붕에 빠진 사람들 정말 많고 지금도 트럼프를 대통령으로 인정하지 않겠다며 싸우는 사람들도 있다지요. 그런데 그런 싸움만으로 충분하진 않은 게 아닌가 생각이 듭니다. '혐오' 자체에 대한 싸움만이 아니라 '혐오' 근저에 있는 근본적인 경제적·사회적 불평등과 자본주의의 문제가 치유되지 않으면 안 될 듯한데요. 특히 미국이나 영국 백인 하층 계급의 사람들에게 쉽게 책임을 전가하는 담론도 많아 좀 실망스럽기도 합니다만 핀트가 완전히 잘못 됐다 보고요.

홍세화   만약이라는 가정은 쓸데없는 일이라고 하지만 미국 대선에서 힐러리 클린턴이 아니라 버니 샌더스가 민주당 후보였다면 판도는 달라졌을 것이라는 얘기는 곱씹어볼 만하지요. 그것은 특히 미국인들이 선출하는 미국 대통령이 미국뿐만 아니라 세계 전체에 미치는 영향이 워낙 막대하기 때문이기도 합니다. 미국에서 버니 샌더스가 아닌 힐러리 클린턴이 대선주자가 되었듯이, 영국에서는 노동당 평당원들의 지지를 받는 제레미 코빈 대표지만 정작 노동당 출신 의원들 대부분에게는 배척되고 있습니다. 프랑스에서도 장 뤽 멜랑숑이 결선에 나서지 못하고 중도를 표방한 은행가 출신 에마뉘엘 마크롱이 대통령에 당선되었습니다. 이런 흐름을 눈여겨볼 필요가 있습니다. 에드가 모랭이 최근 〈르몽드〉에서 밝힌 것처럼 "현시대 재난의 깊은 근원의 하나는 금융과 경제적 로비의 헤게모니가 사회뿐만 아니라 정치 위에 관철되고 있다"는 데 있습니다. 언론도 이 강력한 로비의 영향에서 자유롭지 못합니다. 모든 언론이라고 해도 과언이 아닐 것입니다.

영국의 브렉시트에 이어 미국 대선에서 트럼프가 당선되면서 자국우선주의와 배타적 국가주의가 이타성보다는 이기주의, 연대보다는 홀로서기가 대세를 이룬 것 같습니다. 사람들의 심리 기저에 불확실성과 불안은 더욱 강하게 자리 잡히고 정치적 상황과 함께 악순환을 이루겠지요. 에마뉘엘 레비나스의 값진 "타자를 존중하고 타자와 윤리적 관계를 맺어야 나의 유한성을 극복할 수 있다"는 가르침은 더욱더 먼 얘기가 되겠지요. 이런 상황에서 제가 기본소득과 함께 다시금 관심을 갖게 된 것은 생태적 재앙과 관련된 것입니다. 인간에 대한 인간의 착취와 지배에 맞선 인간의 자발적 반란보다 자연에 대한 인간의 착취와 지배에 맞선 자연의 비자발적 반란에 인류의 미래에 대한 기대를 걸고 있다고나 할까요. 하긴 트럼프처럼 지금 살고 있는 사람들뿐만 아니라 아직 태어나지 않은 미래 세대의 몫까지 착취하려는 세력이 지배하는 세상에서 이런 말을 하려니 스스로 생각해도 지나치게 이상적이라는 생각이 들기도 합니다.

혐오를 넘어서

천정환   한국 사회에서도 극우 세력에 대한 우려가 많이 커지고 있죠. 온라인의 일베나 오프라인의 극우 단체가 아직 의미 있는 세력까지는 아니지만 그런 걸 표방하는 세력들이 분명 있으니까요. 무엇보다 나쁜 권력이 유사 파시즘화의 길에 들어서 있습니다. 파시즘화가 쉽게 조장되진 않겠지만 저강도 파시즘이랄까, 또는 '재再 유신화'랄까. 마치 해방기에 맞먹는 양극화된 정치를 우려하는 사람들이 많은데요. 어쨌든 이런 위험한 흐름은 촛불 항쟁과 민주당의 집권으로 일단 저지됐습니다. 최근의 정세에 대해서 어떻게 보시나요?

홍세화   사실 굉장히 우려스러웠죠. 촛불 이후에도 '콘크리트 지지층'은 다 해체되지 않았습니다. 그런 층은 상당히 많은데 설득도 안 되고 대화도 토론도 안 되지요. 한국 사회 구성원들의 일부가 계속 지극히 낮은 사유 수준에 머물러 있고, 자신의 사유세계에 대해 도무지 회의가 없는 상태….

회의할 줄 모르는 채 생각의 문을 다 닫아놓고 살고 있는 이런 사람들이 지배의 일부를 구성하면서, 결국 편리함만 좇게 되는 세계관이 지배하고 있죠. 인간으로서의 가치관이나 연민도 잃게 되고요. 그런 것이 이제 세월호 사건을 통해서도 그대로 드러나고 있는 정말 황당한 상황이에요. 김영오 씨 단식 현장에서 폭식 파티를 한다든지 먹자판을 벌이는 그런 지경으로까지 가고 있잖아요. 견제하는 힘이 약한 사회인 데다, 워낙 물신주의 가치관 자체에 제약이 없는 현실이고요.

천정환   상층은 물신주의, 아래 계층에겐 먹고사니즘. 둘의 조화(?)가 절묘하지요.

홍세화   이를테면 제가 처음 한국에 돌아왔을 때 정말 경악하면서 동시에 비감에 젖었던 광고가 "당신의 사는 곳이 당신이 누구인지를 말해줍니다"라는 아파트 광고였어요. 20년간 다른 데 살다온 저는 그런 것을 볼 때 자연스럽게 유럽에 또는 프랑스에 대입을 해보죠. 그 사회에 이런 광고가 가능할까? 전혀 불가능한 거 같거든요. 아마 광고 효과가 나올 수 없고 또 오히려 대중으로부터 분노를 사게 될 거 같아요. 기본적으로 이웃에 대한 상상력이 남아 있으면 그럴 수가 없지요. 아무리 광고를 해도 어떻게 그따위 광고를 하나? 가난해서 주거 조건이 나쁜 사람들한테 대입해보는 그런 상상력은 남아 있단 말이죠. 그러니까 당신의 사는 곳이 당신이 누구인지를 말해줍니다는 말이 잘사는 사람한테는 야만이 아닐지 몰라도 못사는 사람한테 그 얘기를 한다는 건 야만인데, 그것이 아무렇지도 않게 공중파 광고를 통해서 나올 만큼 한국인의 인간성 자체가 훼손되어 있는 지점들이 있는 거죠.

물신주의 가치관과 편안함만 추구하는 경제-동물적인 추

구 그걸 제어할 수 있는 가장 중요한 게 결국은 교육과 종교밖에 없잖습니까? 그런데 오히려 종교계·교육계 주류들은 다 그 길을 앞장서고 있지요. 인간의 양식이나 영혼을 보듬어야 하는 종교와 학문, 또는 대학 교육 이런 것이 스스로 물신주의에 앞장서고 있는 지금의 상황에서 과연 파시즘을 제어할 수 있는 힘이 어디서 나올 수 있을까? 그런 생각이 듭니다.

천정환   이명박, 박근혜 정부 시절에 계속 사회가 후퇴했었죠. 한 10년 간 한국 사회는 모든 면에서, 여성의 권리든 '노동'이든 아니면 인권이든 계속 후진해왔다고 할 수 있는 것 같습니다. 이런 후퇴가 누적됐기 때문에 '사회'는 점점 없어지고, 쓰레기장화해간다고 말할 수 있겠지요. 일베나 어버이연합 같은 세력들이 점점 더 크고 또 그걸 이용해먹으려고 하는 권력이 있어요.

방금 교육, 종교, 대학을 말씀하셨는데 그런 것들을 튼실하게 다시 세우는 것이 그래도 중장기적으로 한국 사회가 더 후퇴하는 걸 막을 수 있는 유일한 길이라고 보시는 건가요?

홍세화   그렇죠. 제일 중요한 것은 역시 교육이라고 보는 거죠.

천정환   선생님은 정말 계몽주의자이며 합리주의자이십니다. 정당운동도 계속 해오셨지만 여전히 교육, 공부 같은 걸 믿으시네요.

홍세화   네, 맞습니다. 포기할 수 없죠.

천정환   불평등을 양산하는 교육체계와 부동산(주거), 노동이 다 얽혀 있는데, 뭐부터 풀어야 하는지는 모르겠습니다. 일단 기대는 부풀어 오르는데 새 정부가 어떻게 풀지? 향후 1년간이 정말 중요한 것 같습니다.

공부 여섯:
민주주의의 현실

촛불의 희망과 한계

천정환   촛불은 이명박, 박근혜 시대 9년의 한국 사회에 대한 총괄적 성찰과 개혁의 전망을 새로 내놓게 하였습니다. 촛불 항쟁의 의의는 뭘까요?

홍세화   촛불은 한국 정치체제의 기득권 구조에 균열을 일으켰지만 그 체제를 바꿀 수 있는 역량과 상상력에는 이르지 못한 것 같습니다. 촛불이 바른정당에서 더불어민주당에 이르기까지 그들 내부에 숨어 있는 기회주의적, 출세주의적 성격을 환히 비추어 정치체제의 새 판을 짜는 기획에는 이르지 못했다는 것입니다. 제 욕심이 큰 탓일까요, 가령 시민의회를 결성하는 데까진 아니더라도 이에 관해 광범위하게 토론을 벌일 수는 없었는지?

촛불의 힘이 박근혜 대통령에 대한 탄핵, 삼성 이재용 부회장과 김기춘을 구속시키는 성과를 가져온 것은 분명합니다.

'재벌-새누리당-수구언론'의 삼각 동맹에 균열을 일으킨, 우리 현대정치사에 중대한 분기점을 이뤄냈습니다. 박근혜 정권 아래나 그 연장선에서는 기득권을 계속 유지하기 어렵다고 판단한 일부 세력이 박근혜 탄핵에 찬성하고 새누리당에서 뛰쳐나와 바른정당을 창당했지요. 그런데 그들이 캐스팅 보트를 쥐게 되면서 국회는 '개혁입법의 황금기'처럼 기대했던 2017년 2월에도 '18세 선거권' '연동형 비례대표제' 등을 비롯하여 그 어떤 제도적 변화를 가져오지 못했습니다. 차기 대권을 차지할 수 있다는 전망 아래 부자 몸조심하는 더불어민주당은 협상력도 없었지만 애당초 의지도 없었습니다. "여기가 로두스다! 여기서 뛰어라"라고 말하고 싶은 심정이었습니다. 이명박, 박근혜 정권 동안 용산 참사, 세월호 참사를 비롯하여 박근혜, 최순실에 의한 국가 사유화에 이르기까지 계속 별일 없이 야당 노릇을 해온 그들이 박근혜 탄핵의 반사 이익을 독점하게 되었는데 그에 상응하는 최소한의 역할도 하지 않고 있어요.

박근혜 탄핵과 관련하여 대부분의 촛불은 헌법재판관들을 응원했습니다. 그러나 그 헌재가 통합진보당 해산 심판에서 8:1로 해산 결정을 내렸고 전교조 해직 교사를 조합원으로 인정하지 않는 교원노조법 조항에 대한 위헌 심판에서도 8:1로 합헌 결정을 내린 바 있습니다. 박근혜 탄핵은 결국 인용됐지요. 이 또한 촛불의 힘입니다.

또 촛불은 축제여야 하는데 일탈을 금지하는 축제가 되고 말았습니다. 일탈이 없다는 이유로 성숙한 시민의식의 발로인양 찬사를 받기까지 합니다. 그러나 일탈이 허용되지 않는 축제를 축제라고 부를 수 있을까요? 분단체제라는 조건 아래 역풍에 대한 경계심이 그런 조심성을 가져왔다고 하지만 저는 그런 조심성과 자기 검열이 오히려 박근혜 대통령의 불복과 자유한국당을 비롯한 '태극성조기'부대에게 여론전의 기회를 주었다고 보는 편입니다. 성숙한 시민의식의 발로라기보다는 상상력 부재라고 하는 편이 더 정확하지 않을까요? 시민사회운동의 주체는 이미 늙었습니다. 몸도 늙었고 생각도 고루해요. 80~90년대에 당시 20~30대에 운동에 참여했던 세대가 지금도 시민사회운동의 헤게모니를 쥐고 있습니다. 젊은 세대에게 바통을 넘겨주지 않습니다. 젊은 세대가 아직 조직화되지 않았다는 이유를 대겠지만, 저로선 기성 운동권이 대학생들이나 비정규직 알바생들의 조직화를 위해 무엇을 했는지 잘 떠오르지 않고, 또 젊은 활동가들에게 기회를 주었는지에 대해서도 의문이 들어요. 운동기득권집단이라고 불러야 할까요, 그들 중에는 다음 정권에서 한 자리 차지할 사람들도 적지 않겠지요. 이처럼 일탈을 스스로 거부한 고루한 방식이 "이 정도일 줄 몰랐다!"면서 폭발적으로 분출된 사회적 기포를 "이참에 판을 갈아엎어야!"로 고양시키지 못하게 했던 게 아닐까 싶은 거지요.

저는 탄핵 이후가 더 걱정입니다. 정권은 교체되겠지만 민중의 일상은 바뀌지 않을 테니까요. 국내외의 경제 상황을 볼 때 민중의 삶의 조건은 더 나빠질 가능성이 큽니다. 가계부채는 이미 한계 상황에 이르렀고 일자리는 줄어들고 경기는 더 나빠질 수 있습니다. 민중의 살림살이 문제는 결국 노동정책과 분배정책과 맞물려 있는데 다음 정권이 이에 대처할 만한 정치철학과 역량을 갖고 있을까요? 실망감과 좌절감이 트럼프의 미국과 아베의 일본, 브렉시트 등의 국수주의적 세계 동향과 결합될 때, 다시 박정희를 불러들이지 않을까 우려되는 것입니다.

'갑질' 당하지 않기 위해서

천정환   실로 미묘하고도 또 어느 때보다 정치열이 높은 시기입니다. 선생님, 왜 우리는 정치를 공부해야 하는가요? 정치란 뭡니까요?

홍세화   '갑질'을 당하지 않기 위해서도, 또 내가 누군가에게 '갑질'을 하지 않기 위해서도 정치를 공부해야 합니다. 우리 삶의 조건을 규정하는 것 모두가 결국 정치의 영역입니다. 일터, 배움터와 가정과 사회 곳곳에서 우리 각자가 어떤 조건과 상황에 처하게 되는지를 규정하는 게 정치지요. 따라서 내 삶의 조건을 개선하기 위해서도, 내 몸이 거하는 모든 곳에서 주체로 서기 위해서도 정치를 알아야 합니다.

어쩌면 우리는 정치 현실의 비루함뿐만 아니라 내 삶과 직접 연관되지 않는 정치에 익숙해져서 정치를 멀게 느끼는 점도 있는 듯합니다. 보수 편향의 정치판이어서 정당이나 정치인들 사이에 출신지 이외에는 별 차이를 갖지 못한다는 점도 정치와 멀어지도록 작용했을 겁니다. 또 정치를 국가주의의 도구로 한정시킨 점도 있을 것입니다. 가령 우리는 '자유민주주의 체제'아래 살고 있다고 말하곤 합니다. 그런데 '자유민주주의 체제'라는 정치(학)적 용어는 우리 각자의 삶과 바로 연결시켜주는 대신 멀리 느끼게 합니다. 그래서 정치의 중요성을 인식하고자 할 때에는 자유민주주의 체제 같은 것보다는 차라리 '불안'에 관해 말하는 편이 더 좋습니다. 우리를 지배하는 것은 실제로 자유민주주의체제가 아니라 불안이니까요. 인간 영혼을 잠식하는 불안을 줄이기 위한 정책과 제도가 모두 정치의 영역인 것입니다. 프랑스에서 TV 정치 토론을 종종 보았는데, 가장 중요한 의제 중에 조세부담률이 있었습니다. 조세부담률이란 국내총생산GDP에서 총 조세가 차지하는 비율을 말하는데, 국가가 세금을 거두는 건 국방비를 비롯하여 공교육, 보건, 복지, 주택, 노후, 실업 대책에 들어가는 비용을 충당하기 위해서입니다. 즉 국민의 불안을 줄이기 위한 비용인데, 대개 진보정치인은 이것을 늘리려는 쪽이고 보수쪽은 반대하는 편이지요.

한국에서 이런 토론은 보기 어렵습니다. 한국의 조세부담률이 얼마나 되는지 또 한국이 OECD 국가에서 가장 낮은 조세부담률을 보인다는 점을 알고 있는 사회구성원이 얼마나 될까요? 이런 조세부담률을 비롯하여, 노동시간 줄이기, 기본소득, 최저임금, 노동이사제 등 우리 삶과 직접 연결되는 정치의제들은 참으로 많습니다. 이런 것들이 정치인이나 정당의 지지율 추이보다 훨씬 중요하지요. 이점에서 한국의 탈정치화 현상에는 언론도 책임을 피할 수 없지요.

천정환   정말 동감입니다. 어디에서든 '탈정치'가 지배 이데올로기가 아닐 가능성은 정말 희박한데 90년대 이후의 자유주의 지식인이나 언론이 이를 부추긴 측면도 분명 있었습니다.

아까 말씀 중에 한국 상황에서 '정치를 국가주의의 도구로 한정시킨 점' '정치인들 자체가 특권 지배층으로 구성된 점'을 일상의 시민이 정치로부터 멀어진 이유라 드신 게 인상적인데요. 그런데 요즘 젊은 세대는 이전과 다른 경로로 '정치화'되거나 '탈정치화'되는 듯합니다. 전자의 경로는 일베화 같은 '비뚤어진' 경로를 타기 십상이고 후자는 노조도, 기성정치나 우익도, 학생회나 기성정치권도 뭐도 "다 싫다"는 방식인 듯합니다. '정치'란 말 자체를 피해야 할 것으로 의미화하는 경우도 많습니다. 예컨대 "너 너무 정치적이야"라는 말은 마치 어떤 젊은 사람을 '오지라퍼'나 '충蟲'으로 호명한다는 말이라는데요. 또 한편 페미니즘 때문에 여대생이나 20~30대 여성들의 분위기는 급격히 바뀌고 있습니다. 2016년 여름-가을 사이 이화여대에서의 투쟁은 그 중간 쯤에 있는 것 같습니다. 페미니즘은 새로운 강력한 정치 형식이고 정체성 정치를 구현하고 있지만 기존의 '정치'와 고리를 쉬 찾지는 못하고 있는 듯합니다.

홍세화   프랑스의 한 신부는 이런 말을 했습니다. "정치는 고귀한 것이다. 보이지 않는 사회적 연대의 실현이 정치의 기본 소명이기 때문이다."

불행하게도 우리는 이 말에 담긴 정치를 거의 경험하지 못했습니다. 국가주의 이념의 지배 아래 우리는 국민의 의무는 강조받았을지언정 '국가의 의무=국민의 권리'의 혜택은 거의 경험하지 못했습니다. 국가를 '국가의 오른손'과 '국가의 왼손'으로 나눈 피에르 부르디외의 말을 빌려 온다면, 우리에게 국가는 오로지 오른손뿐이었던 거지요. 그래서 우리의 정치 현실은 프랑스 신부가 정치의 기본 소명이라고 강조한 사회적 연대의 실현은커녕 박근혜, 최순실 게이트가 그 끝자락을 보여주었듯이 권력 남용, 정경유착, 부정부패, 국가 폭력의 온상이었지요. 한국 사회에 만연한 탈정치화 현상은 이와 같은 정치 현실의 반영이기도 합니다.

지금까지 한국의 현실정치인들은 국민에게 "정치는 혐오스러운 것"이라는 인식을 갖게 함으로써 정치를 '그들만의 리그'로 독점하는 부차적인 효과도 거둔 것 같습니다. 정치에 관심을

가진다는 것은 혐오스러움에 가깝게 하는 것이 되므로 사람들로
하여금 멀리하게 만들었으니까요.

    그렇지만 우리가 정치가 혐오스럽다고 정치를 멀리한다면
혐오스런 정치는 누가 바꿔줄까요? 아무도 없습니다. 정치는 다
시 혐오스런 정치인들의 독점물이 되어 계속 혐오스러운 상태로
남게 되니 사람들은 계속 정치를 혐오하게 되고… 악순환이지요.
이 악순환을 끊을 수 있는 것은 오직 젊은이들의 정치에 대한 적
극적인 관심과 참여뿐인데 그런 젊은이들은 극소수에 머물고 주
변화되고 있습니다. 그들이 맺는 사회적 관계들이 협애화되면서
끼리끼리 문화의 포로가 되기 쉽고 기존의 분열되고 지리멸렬한
정치 세력 지형과 맞물리면서 시민들의 정치 참여를 기피하도록
작용하는 것 같습니다.

    천정환   촛불에 연인원 1600만여 명이나 참가했음에도
노조 가입률이나 대학 학생회는 지지부진합니다. 일상에서 '정치
의 주체화'는 아직 먼 일입니다.

    홍세화   그런 오른쪽의 정치에 대한 반감과 혐오감은 대
학가에도 영향을 미쳤겠죠. 잘못된 정치나 잘못된 권력에 맞서
'잘못'을 비판하고 응징해야 하는데 응징할 힘이 없으니 -그것이
바로 정치와 권력의 효용이기도 한데 스스로 멀리하거나 거부하
므로- 정치와 권력 자체를 부정하고 비난하는 쪽으로 왜곡하는
경향도 있습니다.

저는 정치 과잉이라는 표현에는 동의하지 않습니다. 정치에 과잉은 없다고 보는 편입니다. 그런 표현은 탈정치화나 정치에 대해 결핍되거나 왜곡된 인식을 바탕에 깔고 있기 때문에 나온 반응이라고 봅니다. 가령 페미니즘과 같은 정체성의 정치에 대해서도 제가 문제의식을 느끼는 부분은 과잉이 아니라 균형 감각의 결여입니다. 페미니즘이라는 정체성의 정치를 중요하게 인식하는 그만큼 계급모순이나 민족모순에 대해서도 균형 있게 그 중요성을 인정해주어야 하는데 그 점에서 부족하다는 것이지요. 그것은 민족모순이든 계급모순이든 이에 맞서왔던 한국의 사회운동이 남성 중심에서 벗어나지 못했던 것에 대한 반사이기도 하겠지요. 다시 말하지만, 우리 모두 겸손해질 필요가 있습니다.

천정환　　정체성의 정치가 한계를 가질 수밖에 없지만, 노동계급이건 소수자나 여성이건 '정체성'을 경유하지 않고 정치화되기도 어려운 일 아닌지요?

아무튼 지난겨울의 박근혜, 최순실 게이트와 촛불 항쟁 이후 현실정치에 대한 관심이 전면적으로 확장돼서, 공영 방송을 제외한 모든 종편과 팟캐스트 정치·시사 프로그램은 호황을 누리게 됐습니다. 상존해온 '정치혐오'를 젊은 세대들도 상당히 극복하고 상당히 열기가 높은 '정치화'하고 있습니다. 저는 오늘날 시민·대학생들이 무엇을 교재로 또는 매개로 어떻게 한국 정치를 이해하게 되는가에 관심이 가던데요.

2000년대 초부터 지금껏 논객으로 활발히 활동해온 원로급 인사의 글로 최장집, 김종철, 홍세화 선생님들의 글을 미디어에서 접하는 것 그리고 강준만, 유시민, 진중권, 한홍구, 박노자의 사회 비판서를 읽는 것(학자라고 할 수 있음) 그리고 그보다는 조금 더 젊다고 할 김규항, 김어준 같은 언론인들이 있고요.

또 스마트미디어가 보급된 후 특히 많은 청년 시민들은 팟캐스트를 통해 정치를 배웁니다. 지대넓얇, 이이제이 같은 미디어는 현실정치와 함께 한국 정치사를 나름 공부하게 해주죠. 물론 젠더 정치에 관한 건 정희진 선생의 글이나 다른 페미니스트들의 영역이 따로 있습니다.

주로 미디어로 교육되는 이런 정치 교육의 장이 충분한지? 뭔가 비체계적인 것은 아닌지? 어떻게 어떤 '정치' 공부를 해야 되는지요?

홍세화   미디어에 의한 교육에 관한 물음에 답하기 전에, 우선 거듭 강조하고 싶은 게 있네요. 우리에게 가장 큰 난관은 초중고 교육 과정에서 정치 공부가 거의 없다는 점입니다. 가령 우리의 초중고 과정에 두루 있는 사회 교과목에서 자본주의는 가장 중요하게 공부해야 할 주제입니다. 우리가 자본주의 사회에 살고 있기 때문이지요. 이 점이 제 자식들을 통해서 엿본 프랑스나 유럽의 공교육과 제가 학생으로 경험한 한국의 공교육 사이의 중요한 차이였습니다.

또 한국의 초중고 교실에서는 사유하는 교육을 하지 않습니다. 모든 인문·사회과학 분야가 마찬가지입니다. 인문·사회과학 공부를 주입식 암기 교육으로 한다는 것은 모든 학생에게 똑같은 내용을 숙지시키고 얼마나 잘 숙지했는지를 놓고 경쟁시키는 것인데, 이런 전체주의 교육의 당연한 결과로서 비판성과 주체성은 형성될 수 없습니다. 한국 사회에서 비판 의식을 가진 소수의 사회구성원이 선배의 이끌림으로 토론하고 책을 읽는 기회를 갖는, 거의 비슷한 경험을 가지는 것은 이 때문입니다. 즉 우리는 어린 시절부터 자신의 계급성을 포함한 정체성을 바탕으로 사회와 마주하면서 생각하는 과정, 그래서 자기 생각의 세계를 형성하는 과정을 갖지 못합니다. 여전히 우리 청소년들에게 가장 큰 문제가 되는 것은 자기 생각이 없다는 점 아닌가요?

천정환 현재의 입시와 고등교육 체제하에서는 거의 무망합니다. 저보다 더 잘 아시겠지만 고교 평준화는 완전히 와해됐고 입시 교육은 초등학교까지 번져 있습니다. 대학도 물론 취업 교육과 서열화로 썩고 있고요. 이걸 교정하는 일이 과연 가능할지 솔직히 앞이 안 보입니다. 대학생들도 혼자 생각하고 푸는 힘이 부족합니다. 어디서 풀어야할지…

홍세화 세계를 인식하는 총체성에서도 섬세함에서도 부족할 수밖에 없는데 한국 사회가 안고 있는 모순은 모두 첨예합니다. 그래서 인식의 총량에서도 섬세함에서도 부족하기 이를

데 없는데 첨예한 모순과 마주한 소수의 사회구성원은 정치화를 급격하게 경험하게 됩니다. 북한을 바라보는 관점처럼 기존의 인식을 완전히 뒤집는 경우도 있습니다. 이 과정의 급진성은 정치적 내용의 급진성만큼이나 사고나 행동 방식의 급진성을 낳습니다. 대부분이 무척 거친 데다 처음 마주한 사회모순에 깊이 빠져들어 다른 모순을 보려고 하지 않는 경향도 있습니다. 그런 결과로 나타난 현상이라고 봅니다만, 선동하기보다는 설득하기가 훨씬 더 어려운 사회가 한국 사회입니다. 처음 질문으로 돌아가서 이런 사회에서 미디어에 의한 교육이 얼마나 가능할지에 대해 저는 유보적인 편에 속합니다. 교육이 이루어지는 긍정적인 면도 있지만 낮은 수준에서 멈추게 하는 부정적인 면도 있다고 보기 때문입니다.

천정환　　동감입니다만, 워낙 한국의 언론 상황이 개판인 탓도 있습니다. 공영 방송이 망해버려서 팟캐스트나 종편이 외려 중요해진 거지요.

홍세화　　네, 이해합니다. 팟캐스트 등 미디어는 시청자들에게 기존에 갖고 있는 생각을 확인케 하는 즐거움을 주거나 엄기호 씨가 말한 '광장의 조증과 일상의 울증' 사이의 괴리를 일정 정도 좁혀주는 위무 효과가 있습니다. 거기에 부응하기 위해서인지 일부 팟캐스트는 섬세함에서 완전히 벗어난 모습을 보이기도 합니다. 일부의 모습이지만 음모론이나 선정적인 내용도 마다하지 않더군요.

　한국 사회가 선동하기는 쉽고 설득하기는 어려운 땅이 된 이유 중에는 선동에는 듣고 따르는 사람이 있어서 그나마 소통의 여지가 있지만 설득에는 설득하지 않아도 될 사람들만 주로 듣고 정작 설득 대상이 되어야 할 사람들은 선동 쪽에 머물러 있어서 진정한 의미로서 소통의 여지가 없다는 점도 있습니다. 그러나 저들이 선동한다고 하여 그런 분위기에 휩쓸리면 안 됩니다. 어렵더라도 설득하기에 진력해야지요. 또 내가 남을 설득한다고 할 때 나 또한 남에 의해 설득되어야 한다는 겸손한 전제가 필요합니다. 거듭 강조하게 됩니다만 이 겸손함이 이른바 스스로 의식화되었다는 믿는 사람, 또는 스스로 깨어났다고 믿는 시민들에게 부족한 부분이고, 이 오만성이 계몽이나 설득에 반감을 갖게 만든 요인이기도 합니다. 가령 황우석 사태 때 진영에 갇혀 거기에 휩쓸렸던 '깨어난 시민'들이 적지 않았는데 그들에게 반성적 성찰이 뒤따랐던가요? 그런 것 같지 않습니다. 팟캐스트도 선별이 필요하고요.

　　현실정치 공부하기[•]

　2016년 4월 총선 전후 호남 문제를 둘러싼 격렬한 논쟁이 야권 지지자들 사이에 벌어졌다. 알다시피 안철수의 '국민의당'

이 호남을 근거로 제3당이 되었다. 와중에 '영남패권주의'라는
자극적인 단어가 민주정부 10년간에 대한 평가와 함께 2017년
대권 구도에서의 이해 관계 등을 함축하며 등장했다. 김욱, 강준
만 등 호남 지식인의 책이 논쟁의 중심으로 떠올랐고, 홍세화가
쓴 글 〈영남패권주의와 민주주의의 퇴행〉(한겨레, 2016.2.4)이 화
제가 되었다. 특히 호남에서 이 논리가 총선에서의 민주당 중심
의 판을 바꾸고 새누리당의 지지세를 약화시키며 3당 구도를 창

●   시민 정치학의 커리큘럼이 될 만한 주제들을 다음과 같이 제시해본다. 몇몇
    대학의 정치학과와 시민대학의 커리큘럼을 참조한 것이다.

- 플라톤, 아리스토텔레스 고전 정치 철학
- 마키아벨리, 홉스, 루소로부터 막스 베버에 이르는 서구 근대 정치
철학·사상사

- 유럽 근대 정치사
- 프랑스·미국·러시아 근대 혁명사
- 칼 마르크스, 레닌, 모택동 혁명론
- 서구마르크스주의 정치학과 그람시 · 알튀세르 · 발리바르

- 사회 운동론
- 민주주의·선거·정당론

- 중국·일본 등 동아시아 정치사
- 라틴아메리카와 아프리카 정치사

- 한국 현대 정치사. 민중사, 정당사
- 남북관계사, 통일론
- 한국 정당론과 정당사
- 학생운동사, 노동운동사

출하는 데 작동했다. 그러나 다른 수도권 지역에서는 국민의 당은 힘을 못 쓰고, 지배 권력과 박근혜 정권에 대한 민중의 분노가 민주당에 대한 지지로 분출했다(울산이나 제한적인 지역에서 진보 후보가 당선되기도 함).

그런데 박근혜, 최순실 게이트와 촛불 이후 정치 구도는 다시 재편되었다. 새누리당이 쪼개져 바른정당이란 국민의당과 비슷한 규모의 보수정당이 생겼다. 국민의당은 지지세가 더 늘지 않고 오히려 호남에서도 민주당과 문재인이 지지를 회복했다. 그래서 '영남패권주의'의 논제는 더 큰 현실주의 앞에서 잠정적으로 소멸했다.

천정환   선생님이 쓰셨던 한겨레 '특별기고' 가운데에서 한때 제일 많은 페이스북 '공유'와 '좋아요'가 붙은 칼럼이 있습니다. 〈영남패권주의와 민주주의의 퇴행〉이라는 제목의 〈한겨레〉 칼럼인데요(http://www.hani.co.kr/arti/opinion/column/729415.html 참고). 그런데 댓글을 보니 지지와 반대가 엇비슷하게 나뉘더라고요.

지역주의와 인구구조의 문제, 또 새누리당 장기 집권을 막아야 된다는 절박한 충정 그리고 호남 사람들의 소외와 위기감이 반영돼 있다는 점. 그리고 단지 계급이 아니라 복잡한 지역의 문제나 선거법 같은 문제를 이제 바라보아야지 한국 정치 구조를 제대로 볼 수 있다 이런 큰 취지로 읽었습니다.

논란은 일단 차치하고 선생님께 드리는 질문인데, 우선은 지역 문제가 '진보정치'와 무슨 관계가 있는지 알 수 없습니다. '지역'이라는 (역의) 정체성 정치를 넘어서기 위해 계급과 젠더를, 또 그것으로써 '정치'를 (재)구성하자는 것이 진보의 고유한 전략 아닌가요?

홍세화   〈아웃사이더〉에서 활동할 때부터 한국 사회에서 극우 헤게모니가 어떻게 관철되는지에 대한 문제의식을 가져왔는데 김대중, 노무현 정부를 거치면서 이 패권 문제, 즉 영남에 토대를 둔 극우 헤게모니 문제를 쉽게 간과하거나 문제 자체를 희석해버린 면이 있었다고 생각합니다. 저 자신이 노무현 정부 들어서고 이 문제가 좀 해소되리라는 기대를 가졌던 듯하고 (아마도 이 점이 더 중요할 것 같은데) 영남 지역에 인구가 많은데 박정희 이념을 매개로 다른 지역에 비해 상대적으로 보수성을 띠는 것을 마이너스 상수값으로 받아들이고 넘어가는 경향이 있지 않았나, 하는 반성이 있었습니다. 분단 상황에 처한 것을 더 큰 마이너스 상수값으로 받아들여야 하듯 말입니다.

제가 칼럼에도 썼지만, 특히 박근혜 정권이 세월호 참사를 거쳐 3년 차에 들어오면서 무능과 전횡이 해도 해도 너무하는 지경에 이르렀음에도 저렇게 당당하고 뻔뻔할 수 있는 배경이 도대체 뭘까, 도대체 뭘 믿고 저럴 수 있나라는 질문을 던지게 되었습니다. 그래서 다시 그 문제, 즉 민주화에 있어서 마이너스 상수로 여겼던 영남패권주의가 주변 문제가 아니고 핵심적인 문제의 하나가 아닌지 돌아보게 된 것이지요. 실상 제가 계속 '계급 배반 투표'*에 관해 문제를 제기해왔는데, 이 문제도 영남패권주의와 무관하지 않습니다. 극우 헤게모니를 통한 지배 세력이 "우리가 남이가!" 등으로 '지역 적대'를 부추김으로써 사회구성원들로 하여금 자신의 '계급 정체성'을 인식하는 데 이르지 못하도록 하는 데 일정 정도 성공해온 것은 분명한 사실이니까요.

　　극우 헤게모니 관철에 있어서 극보수의 개신교 주류세력이 종교적 토대라는 점은 탄핵 국면에서 친박 '태극성조기' 부대의 양상에서 다시금 확인되었는데, 그 지역적 토대인 영남패권주의가 박근혜 탄핵과 함께 소멸될까요? '그렇다'라고 말하기엔 아직 이른 것 같아요. 박근혜 탄핵 이후 들어설 다음 정권이 희망을 주는 듯하다가 지리멸렬한다면 박정희에 대한 향수가 다시 피어오르지 않을까 걱정되기 때문입니다.

　　천정환　　네, 지역의 모순은 비단 호남 차별이나 영남 패권 문제만이 아니라 수도권에 대해 지역 전체가 식민화돼 있다는 게 더 큰 문제 아닌가 싶습니다만. 선생님께서도 칼럼에 쓰셨지

●　　'계급배반'이라는 말은 가난한 사람들이 부자(정당)를 지지하는 현상을 말한다. 이에 대한 탐구는 홍세화의 계속된 주제와 논의 대상이었다.

만 지난 총선에서 제3당의 자리를 '국민의당'이 차지한 것은, 크게 아프게 반성할 점이었습니다.* 정의당이나 기타 진보정당의 전열이 종북몰이나 탄압 때문에 정비되어 있지 않았거나 대중의 신뢰를 받지 못한다는 증거였습니다.

---

*   참고: 홍세화, 〈[특별기고] 정당의 우클릭과 기회주의자들〉, 2016. 5. 5. 한겨레 A22면.
    "어쨌거나 민주당의 왼쪽에 자리 잡아야 할 진보정당 대신 민주당보다 더 오른쪽인 정당이 제3당으로 정립된 것이다./ 정의당은 지역 2석을 포함해 6석을 획득하여 나름 선전했다고 하지만, 민주노동당이 정당투표에서 13퍼센트를 획득하여 지역의 2석을 포함하여 10석을 차지했던 2004년에 비해 줄어들었다. 정당투표에서 정의당이 얻은 7.23퍼센트에 원외인 녹색당, 민중연합당, 노동당의 몫을 모두 합해도 9퍼센트에 머물렀다. 돌아온 노회찬과 발군의 국방전문가 김종대를 비롯한 정의당 의원들의 어깨가 더 무거워졌다."

3

인문학과 마음공부

공부 일곱:
진보정치

진보정당의 필요성

정치에서 시작된 이 꼭지의 이야기는 지금부터는 진보정치에 대한 것으로 나아간다. 왜 한국에서 진보정당이 필요하며 그 오래된 부진의 역사가 말해주는 것은 무엇인지? 진보정치에 대한 신념과 경력을 지닌 홍세화는 뜨겁고도 안타깝게 이야기한다. 촛불 항쟁이 일정한 성과를 거두고 이제 새로운 민주정부가 수립된 지금 '촛불의 뜻'을 실질적 민주주의로 발전시켜 나가기 위해서는 반드시 진보정치의 발전도 필요하다.

그런데 흥미롭게도 대화는 원환을 그린다. 홍세화는 진보정치의 발전을 위해서라도 다시 인문학 공부가 중요하다고 이야기한다.

천정환   2016년 총선에서 정의당이 얻은 7.23퍼센트에 원외인 녹색당, 민중연합당, 노동당의 몫을 모두 합해도 9퍼센트에 머물렀습니다. '구호(강령)'나 수준이 아닌 '정치의 총체'로서 평가해야 하는데 대중의 평가는 냉혹하여 정의당 외의 3당의 득표는 다 영점 몇 퍼센트에 불과하지만 그 각각은 9만~18만 표에 이르는 적지 않은(?) 숫자였습니다. 녹색당과 노동당은 지지층이 꽤 겹치지만 녹색당이 노동당보다 딱 2배인 18만 표를 얻었는데 9만의 표차는 역사나 조직의 규모를 생각하면 결코 작은 것이 아닙니다. 2016년 총선 직전 민중연합당이 창당됐는데 성적은 부진했습니다. 민중연합당은 창당하자마자 정의당에 버금가는 당원 수를 확보할 만큼 당 규모가 컸고, 기존의 자기 영향력 하의 재야 학생 기층 조직을 가동하여 지역구에서 후보를 무려 72명이나 냈습니다. 그 결과 지역구 선거에서 154,402표를 얻었습니다. 그러나 비례대표 선거에서는 후보자를 5명밖에 내지 못한 녹색당보다 적은 145,624표를 얻었습니다.

그런데 사실 전체 1.7퍼센트는 비참한 거죠. 박주민, 이재정, 박용진 같은 의원들은 진보정당 성향이거나 실제 당원이었는데 다 민주당에서 의원이 됐습니다. 현재 상황을 상징적으로 보여주는 게 아닌가 싶습니다. 저도 오래 진보정당 운동을 지켜봤는데요, 근본적으로 한국 사회에는 왜 굳이 진보정당이 필요한지요?

홍세화   우리는 자본주의사회에 살고 있습니다. 자본주의사회 이전 봉건제 사회에서는 토지 소유 여부에 의해 신분이 규정되었지요. 인간 생존에 필요한 생산물이 토지에서 나왔기 때문입니다. 당시 지주들인 귀족이나 양반이 주인들이었듯이 자본주의사회인 오늘은 자본가들이 '갑'인 세상입니다. 자본이 없는 사람들은 정신적 품이든 육체적 품이든 품을 팔아야 생존할 수 있습니다. 소설가 김훈 씨의 표현처럼 '밥벌이의 지겨움'이 자본이 없는 사회적 약자들을 옭죄고 있습니다.

진보정당은 무엇보다 노동주의 사회가 아닌 자본주의 사회에서 약자의 처지에 있는 노동자, 농민들을 대변하기 위해 필요합니다. 또 여성, 장애인, 성소수자, 이주노동자 등 사회적 소수자들이 차별, 억압, 배제당하지 않는 사회를 만들기 위해서도 진보정당은 필요합니다. 분단된 한국의 상황에서는 남북 간 적대성을 줄여나가기 위해, 그리하여 통일의 지평을 열기 위해서도 진보정당이 필요합니다. 끝으로 자연에 대한 지배, 착취가 아니라 자연과 공존하려는 생태적 정치철학을 구현하기 위해서도 진보정당은 필요합니다.

인간은 탐욕의 동물이지요. 성장과 경쟁만 강조될 때 이 탐욕은 거칠 게 없는데 신자유주의는 오히려 이를 부추기고 있습니다. 탐욕이 사회적으로 통제되지 않고 관철될 때 다른 쪽에서는 가난의 상태가 지속되고 고통과 불행을 낳습니다. '레미제라블'이고 벌거벗을 생명들이지요. 21세기인 지금도 세계 곳곳에서는 불평등은 더욱 심화되고 있고 지구온난화에 따른 오존층 파괴, 기후 격변 등으로 몸살을 앓고 있습니다. 인간 사회와 지구를 보듬어야 합니다. 진보정당이 평등의 가치를 강조하면서 성장에 비해 분배를, 경쟁보다 연대를, 발전보다 생태에 방점을 찍는 것은 그래서입니다.

천정환   원론적으론 충분히 알겠습니다만, 더 구체적으로는 어떤 성격의 진보정당이 필요한지요? 또 선생님께서는 진보신당 당수를 하셨는데, 지금 상황을 어찌 보시는지요? 현재로서는 최소한 둘 중 하나가 필요한데 막혀 있습니다. 첫째 정의당이 뭔가 신선하고 새롭거나 힘이 있는 진보정당이 되든지, 아니면 녹색당이나 다른 정당이 대중을 설득하면서 치고 나오는 거죠. 어떤 구조적 취약성이나 주체의 문제가 가로막고 있습니까?

홍세화   앞서도 말씀드렸듯이 한국은 분단 상황이라는 마이너스 상수값이 작용하여 진보정당은 자리를 잡는 것 자체가 무척 힘들었습니다. 조봉암 선생의 진보당 이래 지금까지 불법 상태에서 조금씩 그 지평을 열어가는 과정에 있었지요. 김대중, 노무현 정권 동안 그나마 열렸던 가능성은 이명박, 박근혜 정권 아래 위축되었어요. 진보정당의 입지는 극우 헤게모니의 관철과 정확히 정반대이니까요. 이명박-박근혜 정권 아래 극우 헤게모니가 다시 강력해지면서 통합진보당 해산, 비정규직법이나 파견법 개악, 전교조 불법화, 일상화된 정리해고와 민주노조 탄압과 같은 공세가 펼쳐졌는데 여기에 수세적으로 방어하는 일을 하기에도 힘에 부쳤어요. 약한 역량조차 저항하는 데 힘을 소진해야 했기 때문에 진취적으로 헤쳐 나갈 수가 없었지요. 이런 현실 속에서 어쨌거나 노동당 같은 진보정당이 당으로써 존립하고 있는 것만으로도 어떻게 보면 기적 같은 일로 봐야 되지 않느냐, 그런 생각이 들기도 합니다. 이제 박근혜 탄핵 이후 태어날 새 정권이 그래도 극우 헤게모니 정권은 아닐 터이니 진보정당의 활동 공간이 조금은 더 열릴 수 있겠지요. 조급하지 않고 한 걸음씩 앞으로 나아가길 기대하고 있습니다.

천정환   저도 민주노동당 시절부터 바깥에서 후원하거나 유권자의 한 사람으로서 쭉 관찰해봤을 때, 단지 개별자들의 문제가 아니고 진보정당의 정치 문화가 당이 커 나가는 데 상당히 한계로 작용한다고 느껴졌어요. 정파 문제나 독선과 막말의 정치 문화. 그리고 소수파가 당하는 부당한 외적 상황이 오히려 내부의 동지나 내부 동력을 갉아먹은 내적 상황이 되는…

홍세화   그게 양면적입니다. 별로 잘못한 것 없이 세력 싸움에서 다수파에게 지고 당하기 때문에 허탈감이 생기고 진취성을 잃게 되죠. 다수파는 어느 진영에서든 자기 성찰이 부족하잖아요? 바로 다수파이기 때문에 자기성찰을 하지 않아도 되니까요. 이와 달리 소수파는 끊임없이 자기를 돌아보게 되는데 남은 건 자존감뿐이어서 그것으로 자족하는 흐름들이 있는 건 사실이죠. 그 둘 사이에 소통의 문은 닫혀 있을 수밖에 없지요.

천정환　　한국 진보정당 운동은 언제나 운동과 정치를 혼동하게 되는 구조가 있는 거 같습니다. 이들 소규모 정당은 계속 '운동 정당' '등대 정당'으로 남으면 되는 것인가요? 아니면 정의당이나 민주당을 지렛대로 삼아 다수파 전략으로 나아가야 하는 것인지? 늘 헷갈립니다.

홍세화　　솔직히 저는 현재 진보정당은 운동적 성격에 머물러야 된다고 보는 편입니다. 한국 사회구성원들에게 예컨대 기본소득라든지 보편 복지와 같은 의제와 가치를 알리는 운동적 성격이 더 중요하기 때문이기도 하며, 오랫동안 극우 헤게모니 아래 있었던 한국 사회 구성원들의 의식 층위로 볼 때 그 편이 적절하다고 보는 겁니다. 가령 해방 직후 미군정이 남한 사람들을 대상으로 정치의식 조사를 했을 때 70퍼센트가 사회주의를 지향한다고 나왔지요. 당시 사람들이 사회주의에 대해서 잘 알아서 지지한다고 말하지는 않았겠지요. 막연하게나마 평등의 가치와 더불어 산다는 의미를 사회주의에서 찾았던 게 아닐까 싶어요. 그때는 사람들이 존재의 요구에 부응하는 의식을 가질 수 있었던 데 비해 오늘은 존재의 요구를 스스로 거부하거나 배반하는 의식을 갖고 있는 점을 거듭 강조하게 됩니다. 이런 현실에서 지금 우리가 교섭 단체를 이루기 위해서 국회에 들어가야 한다고 주장하거나, 그러기 위해 현실과 타협하게 되면 이미 진보정당의 정체성은 부정할 수밖에 없다고 판단하고 있습니다.

천정환　　그렇군요. 그게 선생님의 짧지 않은 진보정당 경험에서 우러나온 결론이군요?

홍세화　　네, 그렇습니다. 제가 지금 진보신당에서 당명을 바꾼 노동당에서 고문의 한 사람으로 있는데요. "아직도 노동당에 남아 있느냐?"라는 질문을 종종 받습니다. "노동당은 소수정당 중에서도 소수정당인데 거기서 무엇을 할 수 있느냐"는 뜻이 담겨 있겠지요. 2011년에 2012년 총선을 앞두고 진보신당의 유력인사들이 뛰쳐나가 통합진보당에 합류했는데, 2016년 총선을 앞두고 2015년에는 또 적잖은 당원들이 뛰쳐나가 정의당에 합류했습니다. 진보신당이라는 당명을 노동당으로 바꾸도록 이끈 사람들인데 당명은 바꿔놓고 나가버린 거예요. 글쎄요, 제가 워낙 사람의 의식만큼이나 행동 양식을 중요하다고 보기 때문이겠지만 동의하기 어려웠지요. 의회주의와 조급성이 진보정당의 성숙을 가로막는다고 보는 거지요.

천정환　　그분들도 저처럼 헷갈리기 때문이겠죠. 현재의 노동당·녹색당처럼 소수파 중의 소수파에 머물러서는 진보정당운동을 하는 기본적인 목적도 달성할 수가 없고, 정의당처럼 다수파·대중화 전략을 쓰자니 곧바로 현실의 장벽 때문에 의회주의에 함몰되어버립니다. 결국 투트랙으로 둘 다 해야 되고 가급적 힘도 합쳐서 당 안에서 싸워야 된다는 결론을 내렸을 때 무원칙하게 되었었어요. 그래서 당원들의 개별적인 행동을 막지 못합니다.

한때 10명의 의원을 거느리고 10퍼센트의 지지율을 가졌
던 진보정당 운동은 계속 침체를 벗어나지 못하고 있습니다. 그
해체와 분열의 과정을 짚어볼 필요도 있는데요. '진보의 죽음'을
운운할 만큼 통합진보당 사태는 진보진영 전체에 거대한 위기를
초래했습니다. 주사 민족주의와 '친노(유시민계 국민참여당 세력)'
의 만남은 결국 참담한 결과로 귀결됐습니다. 지금도 이석기 전
의원과 통진당 사람들은 감옥에 있고, 그들의 일부가 다시 민중
연합당을 만들었지만 낙인효과 때문에 그리 인정받는 것은 아니
지요. 그들 스스로가 얼마나 변했는지도 잘 모르겠고요. 아무튼
2012년 총선 이후부터 통진당 해산에 대한 헌재 심판 사이에 한
국 진보정당 운동의 모든 모순이 다 폭발했습니다. 그리고 난 뒤
에는 모두 지지부진 각자도생 상태가 됐습니다.*

---

*　　2000년대 이후 한국 진보정당 운동 약사 연표
　　• 2000년 1월 30일 민주노동당 창당
　　• 2004년 4월 17대 총선:
　　　민주노동당 지역구 2석, 비례대표 8석(정당 득표율 13.1%)을 획득
　　• 2007년 대통령 선거
　　　권영길 당내 NL계의 몰표로 대선에 세 번째 출마. 분파 갈등 본격화.
　　• 2008년 2월 민주노동당 분당
　　• 2008년 3월 16일 진보신당 창당
　　• 2008년 총선 :
　　　민주노동당 권영길·강기갑 지역구 당선, 정당득표율＝5.7%, 총 5석
　　　진보신당 심상정, 노회찬 낙선. 정당 득표율＝2.94%, 총 0석
　　• 2011년 12월 6일 민주노동당, 국민참여당, 새진보통합연대의 통합진보
　　　당 창당

저는 개인적으로 2014년 3월 노동당 박은지 대변인의 자살에 큰 충격을 받았습니다. 초등학생 아이를 둔 35세의 싱글맘이었고, 고려대 국어교육과를 나온 이래 운동에 헌신해온 활동가였습니다. 겉으론 밝고 쾌활하고 명랑했지만, 속으론 우울증을 앓고 있었다 합니다. 그의 우울이 단지 개별자의 것이 아니라 '운동의 대가로 받는 가난·고립·불안 등등, 즉 정작 자신의 몸과 마음은 돌보지 못하는 활동가들에 공유된 것이라 보았습니다. 운동은 타자와 자신을 함께 구원하고 사랑하기 위한 것이니 젊고 유

- 2012년 3월 4일 녹색당 창당
- 2012년 19대 총선 :
  통합진보당 13석 획득. 정당 득표율＝10.3%
  녹색당 정당 득표율＝0.48%
- 2012년 5월 12일 통합진보당 중앙위원회 폭력 사태
- 2012년 10월 7일 정의당 창당
- 2012년 12월 대선 :
  이정희가 통합진보당(기호 3번) 후보로 출마했으나 중도 사퇴
- 2013년 7월 노동당 창당
- 2014년 12월 통합진보당 강제 해산
- 2015년 6월 노동당 당대회 이후 1000여명에 가까운 노동당 당원들이 탈당 후 정의당 입당
- 2016년 2월 민중연합당 창당
- 2016년 4월 총선
  정의당 지역구 2석 등. 총 6석 획득. 정당 득표율＝7.23%
  노동당 정당 득표율＝0.38%, 녹색당 정당 득표율＝0.76%
  민중연합당 정당 득표율＝0.61%
- 2017년 5월 대선
  정의당 심상정 후보 6.2% 득표

능한 활동가들이 이들 '정당'에서 헌신하며 삶을 소모하는 게 안타깝고 아깝습니다. 그들의 지성과 의기, 삶에 대한 사랑은 우리 사회를 위해 제대로 선용되어야 하는데요, 그들을 위해서라도 '어른'들과 선배들이 '진보정치'의 '구조'를 바꿔줘야 한다 생각했습니다. 선생님께서 보시기에 가장 큰 문제점은 무엇이었나요?

홍세화   네, 그러니까 2004년 당시 민주노동당의 성취가 우리를 착각, 오도하도록 이끈 면이 있었지요. 바깥으로 향한 눈이 너무 부셔서일까요, 내부의 문제와 모순을 제대로 들여다보고 정리하지 않은 채 봉합하고 넘어갔어요. 그리고 또 하나는 그 성취가 그 후에 계속 의회주의에 매몰되게끔 작용했다는 점입니다. 노동 현안을 비롯하여 모든 걸 국회의원을 통하여 해결하려고 하는 타성이 생겼고, 그래서 대중성을 얘기했지만 구호에 지나지 않게 되었지요. 그런데 가장 중요한 문제는 역시 학습 부족이었습니다.

천정환   학습 부족이요?

홍세화   네, 학습을 거의 하지 않았어요. 2004년 민주노동당 당사에 큰 변화가 생기는데 그것은 홍보실을 확장하는 일이었습니다. 당원을 위한 학습 공간을 만들기 위한 게 아니었지요. 오만함의 반영이라고 할 수 있습니다. 우리는 학습할 게 없고 다만 우리 정책을 미디어를 통해 외부에 알리기만 하면 된다는 뜻이 담겨 있었으니까요. 이런 분위기가 IMF 외환위기 이후에 노동이 어떻게 분할되고 위계화되었는지에 대한 학습도, 그렇게 된 노동을 어떻게 조직화할 것인가라는 고민과 활동도 멀리하게 했지요. 그저 계속 민주노총만 붙잡고 있었어요. 그러면서 당내 헤게모니 다툼에 당원을 동원하고 다수파가 패권을 휘두르면서 그것을 마치 조직 운동인 양 일상화했지요. 자기 성찰도 없고 학습도 없고 정파가 다르면 밥도 같이 먹지 않을 만큼 소통도 없는… 결국 진보정당이 2012년에 파국을 맞고 그 이후 지리멸렬 상태로 가는 것은 2004년 성취의 부메랑이 10년 뒤에 그렇게 나타났다고 보는 겁니다.

　　민주노동당의 당세가 앞으로 가파른 상승세를 타리라는 믿음이 어느 정도였는지 보여주는 예가 있습니다. 2006년도에 당내에 집권전략위원회라는 게 생겼는데 "2012년에 집권한다"는 목표를 설정하고 있었어요. 저도 그 위원회의 위원으로 참여했었는데 지금 돌이켜보면 쥐구멍이라도 들어가고 싶은 심정이지요.

　　천정환　　여전히 '구좌파'식 혁명관을 가진 사람들이나 또 NL이나 모든 정파가 물론 존중받아야 되는데, 한국 사회에서 진보정치가 뿌리를 내릴 수 있는 공존의 전략과 연합이 결여되니, 한편으로는 탄압을 다른 한편으로는 내분 때문에 지리멸렬해져 결국 대중으로부터 외면당하고, 스스로도 냉소 내지는 비관적인 생각이 커져왔습니다. 이를 과감히 바꾸어줄 필요가 있고, 각

당들은 한계가 많지만 합침으로써 '다른 힘'이 되고 그래야 뭔가 나아갈 수 있다는 가능성을 대중에게 보여줄 수 있다 보입니다. 이게 되게 중요한 것 같거든요. 저는 그런 게 '정치'라 믿습니다. 안에서는 물고 뜯고 싸우더라도. 물론 연합을 위한 조건이 있습니다. 진보정치의 새로운 연대에 대해 의견을 듣고 싶습니다.

홍세화 "진보는 분열로 망한다"는 통념에서 벗어날 필요가 있다고 봅니다. 은연중에 분열이 진보에 내재되어 있는 양 치부하게 됨으로써 분열 상태를 온존시키도록 작용할 수 있기 때문입니다.

보수는 이익이 생기는 곳이면 모이기 때문에 부패의 덫에 빠질 수 있고 진보는 이념으로 만나기 때문에 이념 따라 쪼개지는 점이 있다는 걸 부정할 수는 없지요. 저는 진보세력 사이의 연대를 위해서는 무엇보다 '구존동이'가 중요하다고 봅니다. '같은 것을 추구하되 다름은 남겨두다' 또는 '서로 다름을 인정하면서 같은 점을 추구한다'는 뜻이죠.

서로 다른데도 몸집을 키우기 위해 억지로 뭉쳤다가 파탄났던 게 2012년의 상황이었어요. 그보다는 차이를 인정하면서 같은 것을 찾아 연대하고 차이는 나중에 해결하도록 유예하자는 것입니다. 그러기 위해서도 두 가지 문제가 해결되어야겠지요. 하나는 자신만의 이념만을 중시하는 오만성에서 벗어나야 한다는 것이며 또 하나는 다수파의 패권주의를 극복해야 한다는 것입니다. 한국의 진보 세력은 자기들의 성채에 스스로를 가두고 있습니다. 모든 문제를 분단 문제로 수렴하는 성채, 모든 문제를 계급 문제로 수렴하는 성채, 모든 문제를 가부장제나 성불평등 문제로 수렴하는 성채, 또 모든 문제를 생태 문제로 수렴하는 성채, 급기야 모든 문제를 지역 문제로 수렴하는 성채까지… 이들 성채 사이에 소통과 연대의 다리를 놓아야 합니다. 각기 자기들의 성채만이 한국 사회를 올바로 보듬을 수 있다는 아집과 오만에서 벗어나야 하는 것이지요.

이 점에서 저는 "진보는 분열로 망한다"를 반복하기보다는 차라리 "분리 정립한 뒤 연대하라"고 말하고 싶습니다. 이를 위해서도 학습이 절대적으로 필요합니다. 한국의 진보진영은 학습을 게을리 해도 나이만 들면 행세를 할 수 있습니다. 진보정치 진영이든 노동 진영이든 마찬가지입니다. 이런 구조와 환경을 바꾸어야 합니다. 학습을 게을리하니까 각기 성채의 조직이기주의에서 벗어날 수 없는 것입니다.

북한 문제에 대한 인식의 차이

천정환   북한 문제에 대한 인식의 차이를 어떻게 풀어야 될까요? 과거에 실제로 대중조직을 장악해온 민주노총이나 학생조직이나 영향력을 갖고 있는 건 계속 자주파였다는 사실이 말해

주는 게 뭔지요? 북한에 대해서 왜곡된 시각을 갖고 있는 분도 많
겠습니다만 또 그 이상의 어떤 문제도 있을 텐데요. 북한과 민족
문제 그리고 통일에 대해 어떤 유능하고 대안적인 입장이 필요하
고요. 진보세력은 새로 연대의 규준을 정해야 할 거 같은데요.

홍세화   우선 NL 계열이 수적으로 우세한 것은 분단 상
황이라는 조건 아래 민족 정서로 사람들을 설득하기가 쉽기 때문
이 아닐까 생각합니다. 학생운동이 활발하게 전개되었던 80년대
의 시대적 상황도 PD 계열보다는 NL 쪽에 유리한 측면이 있었지
요. 저도 따지고 보면 NL 출신인데요. 문제는 회의하면서 자신의
의식 세계를 수정해나가야 하는데, 급격한 정치화와 함께 곧바로
조직의 일원이 되면서 그 조직과 조직 논리에서 헤어나지 못하게
되어 있는 구조에 있다는 게 문제입니다.

북한 문제를 어떻게 볼 것인가? 참으로 어려운 문제입니
다. 남북분단 상황에서 대화의 상대로서 북한 권력의 실체를 부정
할 수는 없다는 게 제 생각의 출발점입니다. 그렇지만 하나의 모
델로 북한 체제를 바라보는 관점은 무척 심각합니다. 저는 북한을
바라볼 때에도 상식적인 차원에서 접근돼야 되지 않나 싶어요.

천정환   네, 그런데 실천적으로는 통진당 구 주류 세력
과 다른 진보정당이 같이할 만한 여지는 거의 없을 것 같다는 생
각이 많이 들거든요? 그리고 과거 민족주의 세력 자체도 내부 분
화가 많이 일어났다는 판단이 듭니다.

홍세화　　글쎄요, 저는 아직 잘 모르겠습니다. 아무튼 우리가 분단 상황에 있는 한, 그런 사람들을 진보진영 간 연대의 그림에서 미리 배제하는 것은 올바르지 않다고 판단됩니다. 애당초 배제하고 들어가는 것은.

　　실상 저도 민주노동당 당원으로 있던 2007년에 일어난 사태를 보고 무척 놀랐습니다. 그래서 진보신당으로 뛰쳐나오게 되었잖습니까? 민주노동당의 당원 명단과 성향을 북에 넘겨주었는데 진영논리에 갇혀 징계도 하지 않고 그냥 넘어가는 일이 최고 형태의 정치 결사체라는 정당에서 벌어진 것이었어요. 도저히 납득할 수도 용납할 수 없는 일이었어요. 북한 체제가 남한에 비해 국가의 주체성에서는 우월한 면이 있다고 하더라도 인간의 정체성이 국민으로 국한되는 건 아니잖아요? 그래도 저는 배제하기보다는 설득의 여지를 두고 싶습니다.

천정환　　저는 구 통진당의 주류 그 핵심 세력과는 사실상 어렵다고 보이고요. 그렇다고 북한에 대해서도 말씀하신 원칙 자체에 대체로 동의하지만, 소위 백두혈통 권력 세습이나 핵이나 인권 문제에 대해서 용납하기 어려운 점이 많습니다. 북한 민중 스스로가 북한 체제를 변화시켜야 한다는 원칙도 견지하지만, 그럼에도 남한의 정치가 한반도 전체의 분단 체제 차원에 어떤 식으로든 서로 북한과 연관이 돼 영향을 주고받을 수밖에 없는 상황이잖아요. 남한의 민주주의가 지닌 한계의 상당 부분이 휴전 상태와 북한과의 대결 때문에 빚어지니까요. 이런 면에서 햇볕정책은 정말 현실적이기도 하고 중요한 하나의 솔루션이기도 했는데요.

북한이 분명 대화의 상대이긴 하지만 저렇게 억압과 통제가 극심한 국가 북한은 분명 '딴 나라'만은 아닙니다. 그리고 평화 체제나 장기적으로 통일도 지향해야 할 것이고요. 그랬을 때 북한 민중의 힘으로, 라는 원칙이나 북한 인권에 대한 진보의 태도도 항상 뭔가 부족하다는 점을 느끼지 않을 도리가 없습니다. 한편으로는 극우에게 북한 문제와 통일 문제를 맡겨놓고 방기해버리면 안 된다는 생각이고요. 서로 밀접하게 연관된 '한반도 수준' '동아시아 차원'의 민주주의라는 것도 저는 실재한다고 생각하는 편입니다.

홍세화   북한이 1990년대 전후에 현실사회주의권이 무너지면서 완전히 고립된, 그러니까 해양 세력의 극단에 있는 남한이 대륙 세력인 중국과 러시아하고 수교할 때 대륙 세력의 최첨단에 있는 북한이 해양 세력인 미국과 일본하고 수교가 안 돼 있는 이 상황 자체가 북한으로서는 완전 고립돼 있는 상황에 몰려있는 것이고 그런 상황에서 나타난 것이 세습 문제고 핵 문제라고 한다면, 북한 지배 세력이 가질 수밖에 없는 위기 의식과 불안감을 덜어주는 방향으로 남한의 대북 정책이 이루어져야 된다는 게 제 기본 입장입니다. 이미 6.25전쟁으로 초토화되었던 경험이 있는 데다 이라크의 사담 후세인이나 리비아의 카다피가 당하는 꼴을 보고 북한 지배 세력이 어떤 강박에 빠져 있을지, 그들을 동의할 수 없지만 가늠은 해야 하는 것이지요.

그런 점에서 김대중 정부나 노무현 정부의 노선이 대북관계에 있어서는 옳았다고 봅니다. 앞으로도 그런 쪽으로 가야되지요. 그래서 미국과 일본을 움직여서 북한과 수교를 맺도록 하고 남과 북이 사람도 물건도 상품도 많이 왕래하는 속에서 긴장이 완화되는 이런 과정을 거쳐야 하며, 그런 과정 속에서 구 통합진보당 세력의 대북 시각이라든지 그런 것도 와해되지 않을까라고 보는 거죠.

천정환   한편으로는 옛 통진당이 포괄하던 대중 조직과 대중들에 대해 다른 진보정당들이 그만큼의 대중성과 조직력을 발휘해야 하지 않습니까? 1차원적 민족주의로부터 탈출시키고 더 제대로 된 진보 논리를 통해 설득해야 되는데 그게 안 되는 게 제일 안타까운 점이에요.

홍세화   그렇죠. 그 부분은 자주 언급된 것처럼, 대부분 급격하거나 반전을 통하여 진보적 의식을 형성했는데, 그렇게 형성된 의식에 대해서 고집이 강하고 완고하여 회의할 줄 모르기 때문에 정말 설득하는 게 너무 어려운, 그러니까 실제로 설득하는 것을 포기한 상태잖아요?

진보진영 안에서 구성원은 자리다툼이라든지 헤게모니 다

툼, 이런 것에 동원 대상이며 경쟁 대상이기 때문에 오히려 진영 바깥에 있는 극복 세력인 수구 기득권 세력에게보다 더 적대성을 보이는 문제를 인식하고 벗어나지 않으면 안 된다는 점을 앞서 "분리 정립 후 연대하라"고 말했던 것입니다. 지금까지 쌓여져 왔던 감정의 찌꺼기들도 툭 털어야 되며, 서로 소통하고 설득하지 않으려고 했던 성채의 장벽도 허물어야 된다는 얘기입니다.

천정환   진보정당 운동 내부에는 항상 분파주의의 문제가 있고, 또 몇 년간의 이합집산 때문에 과거의 감정 문제도 장난 아니라 알고 있습니다.

홍세화   우리에겐 두 개의 세계가 있는데, '세계관의 세계'가 있고 일상 세계가 있죠. 일상 세계에서는 경쟁하는 대상에게 더 적대성을 보여 온 이런 태도가 극복돼야 되는 게 가장 중요한 과제라고 보고요.

그러기 위해서는 우리가 모두 겸손해져야 된다는 것이 기본입니다. 우리는 일상 세계에서 극복 대상을 거의 만나지 않죠. 부딪치지도 않습니다. 부딪치는 것은 가깝기 때문에 부딪치는 것입니다. 세계관의 세계로 보면 아주 가까운 사람이니까 일상 세계에서 만나는데 일상 세계도 하나의 세계이기 때문에 그 안에서 다투고 감정의 골이 생기고, 이러다보니까 서로 만나지도 않고 밥도 같이 안 먹고 이런 지경에 이르고 있는 이 문제에 대해서 성찰이 필요합니다.

그러나 진보 세력을 모두 규합해야 되는 거 아닌가라는 주장에 대해서는 그야말로 '기본'에 대한 것이 해결되지 않은 속에서 그냥 세력 규합하자는 것이라면 과거의 잘못된 행태들이 또다시 반복될 여지가 있다고 봅니다. 진보 세력이 이렇게까지 지리멸렬하게 된 것에 대한 반성적 성찰이 잘 보이지 않습니다. 더 시간이 필요한 것 같아요. 지금은 길을 갈라서서 다른 길을 간다 하더라도 언젠가 다시 만날 가능성을 열어놓고 있어야 되는데 그런 기본적인 것조차 지켜지지 않았다는 것입니다.

천정환　　　　선생님께선 두 가지를 말씀하신 거 같아요. 그러니까 하나는 서로 감정의 골이나 독단 같은 걸 극복하기 위한 겸손·성찰을 가져야 한다는 것과 또 동시에 당장 세력 규합이라든지 이전과 같은 방식의 통합은 필요 없다는…

홍세화　　　　그러니까 일상 세계의 함정에 갇혀서 그 일상 세계 안에 있는 가까운 경쟁 대상에게 더 적대성을 보여 온 그런 타성에 대한 치열한 성찰과 그걸 어떻게 극복할 수 있을까에 대한 학습이 이루어지지 않는다면 결국 똑같은 문제를 계속 앞으로 반복할 것이라는 거죠. 그리고 저는 진보진영 안에서도 다수를 차지하는 사람들이 갖는 자기성찰의 부재, 이 문제에 대해서 거듭 문제를 제기하지 않을 수가 없네요. 갈라지면 갈라지는 대로 또 그 안에서 다수파가 형성되는데 그들은 자기 성찰도 숙고도 하지 않는… 그러니까 이 문제는 다시 인간에 대한 문제, 인간에

대한 탐색과 떼어놓을 수 없는 게 아닌가 싶은 겁니다. 여러 가지
층위에서요.

공부 여덟:
다시 인문학

인문학은 무엇을 할 수 있는가

그렇다면 다시 인문학이란 무엇인가? "그걸로 무엇을 할 수 있는가?"를 물어야 하는 거다.

내가 생각하는 인문학은, 첫째, 삶의 근원적인 조건들, 자아와 주변의 관계들 그리고 자아와 총체적인 의미의 세계를 다룬다. 또한 인문학은 생장로병사와 욕망(오욕칠정)의 문제를 다루는 지식이다.

인문학은 해방된(구원받은) 인간이 되기 위해서 해방의 지적이고 정치적이며, 개별적·집합적 조건을 탐색하고 훈습(수행, 기도)하고 실천하는 것이다. 인문학은 '세계의 비참'을 사유하고 직시한다. 그래서 이 대목에서는 정치학 경제학 사회학과 대상을 공유하지만 인문학은 인간(휴머니티)을 중심에 두고 경계를 초월한다는 점에서 다른 학문과 차이가 난다. 전통적인 인문학 영역은 문학·사학·철학·예술의 영역에 있지만 언제나 분과에 머물지 않는다. 문화학·지리학·여성학 등도 언제나 인문학과 영역을 공유한다.

천정환   그러네요. 선생님 생각은 어떤 원환을 그리고 있군요. 인간과 인간 탐색의 문제가 결국 가장 중요하다는.

홍세화   맞습니다. 반복적으로 말씀 드린 거 같은데 결국 우리가 사회과학 공부하고 인문학을 공부하고 하는 것도 인간을 위하고 세상을 인식하는 이런 것이면서, 그와 동시에 끊임없이 나를 수정해나간다는 그런 전제에서 출발돼야 되는데요.

이를테면 저는 가령 제 외할아버지의 가르침을 또 예로 들어서 '제3자에 대해서 말할 때는 제3자가 그 자리에 있다고 상정하고 얘기해라'라는 이러한 가르침에 비추어 과연 우리의 운동권에서 그런 것이라도 지켜지고 있을까? 의문스럽지요. 그러면서 '동지'니 '동지적'이니 이런 얘기는 너무 쉽게 합니다. 운동권이 20대 때 했던 의식화 학습이 의식은 바꿨는지 몰라도 인간은 바꾸려 하지는 않은 것 같아요. 의식은 학습을 통해 이 사회를 설계한다는 사람의 오만을 채워줄지는 몰라도 인간을 바꾸는 것 같지는 않다는, 그 문제예요.

천정환   그런 게 종교적인 운동, 또는 종교가 결부된 사회운동에서 많이 이야기된 거죠. 공자나 부처의 가르침도 그런 거고요. 인간적 수양과 사회 변화를, 또는 개인적 수양과 사회 변화와 타인에 대한 설득을 함께 같은 선상에다 놓고 운동의 중요한 과제로 선택하는 논리이자 이념이죠. 그런데 서구 근대의 사회운동과 정치운동에 있어서는 말씀하신 그런 요소는 다 빠져버리고, 오히려 반대로 이를 테면 레닌-스탈린주의와 같이 절멸의 정치, 또는 적대의 정치를 쉽게 정당화했지요. 어떤 면에서 자유주의 정치는 특유의 다원주의 때문에 어떤 공존의 가능성 같은 장점도 분명 가지고 있다는 생각이 들기도 합니다.

홍세화   그러니까 제 문제의식은 우리가 어린 시절부터 '어떻게 하면 더불어 사는가?' 같은 시민교육을 받은 적이 거의 없다는 것입니다. 그런 건 거의 '국민윤리'라는 국가주의 교육으로 치환돼 비어버렸고, '개인의 가치' 같은 것도 집단주의에 의해 비워져버렸지요. 그러니까 한국엔 개별 주체가 시민성도 없고 '사회성'도 결여돼 있습니다. 이런 와중에 스무 살 내외에 사회과학을 접하게 되어 사회를 다시 보게 되는데, 중고등학교 때 예컨대 소설 같은 걸 통해서 인간의 다양한 모습이나 삶과 죽음의 문제, 인간관계에 관한 간접 경험이나 학습도 없는 상태인데, 사회과학을 접하면서 사회를 설계한다는 인식을 갖게 됩니다. 인간의 고민이라든지 숙고나 자기성찰이 빠진 거죠. 인문학적 토대가 있은 뒤에 사회과학에 접근되어야 되는데 이것 없이 사회과학과 만나고 의식화됐을 때 오는 무리가 운동권들한테 있지 않나 싶은 거예요.

천정환   네, 동감입니다. 그런데 요즘 대학생 중에는 그런 의식화의 경로를 겪는 학생은 극소수고, 대부분은 사회과학 서적을 읽지 않는 거 같습니다.

체계를 갖춘 고급 종교는 정치·문화·예술의 자원을 갖고 있으며 한 개인이 처하는 모든 문제, 즉 죽음과 삶의 제반의 고난에 대해서도 답은 아니라 해도 유사 솔루션을 갖고 있더라고요. 그러나 신앙이라는 것을 가질 수 없는 무신론자들은 '종교 운동'을 하지 않는 한, 사회과학만으로는 어림없는 인문학과 예술, 자기 수양이 필수적입니다. 원래 성리학과 동양 전통 사상이 이런 걸 갖고 있었다 봅니다. 주체사상파가 공부를 하지 않는 이유, 그것은 일종의 정치 종교이기 때문인지 모르지요. 우리는 근대 이후 그걸 갖지 못했는데, 여쭤보고 싶은 게 혁명 전통과 함께 인문학적 소양이 풍부한 프랑스에서는 어떤지요?

홍세화   그들이 사회당원이나 공산당원이 되는 건 특별하게 운동이나 의식화에 의해서라기보다는 대부분은 계급적인 지향성과 만나서 이루어집니다. 계급적 정체성에 의해 진보정당의 기층 부대가 형성된다는 것, 이것이 우리와 다른 점이죠. 프랑스 사회구성원들은 학교를 통해서든 사회화 과정을 통해서든 시민성이라든지 사회성이라든지에 대한 학습이 있는 거고요. 그렇게 높은 층위는 아니라 해도 예를 들면 중고등학교 때 글쓰기를 통하여 인문·사회과학 분야에서 제기되는 다양한 질문에 자기 견해를 피력한다든지 이런 과정들이 있는 거잖아요? 그리고 소설을 비롯하여 다양한 문학 책을 읽지요. 그러니까 경제학자 토마 피케티가《21세기 자본》에서 발자크나 제인 오스틴를 인용하며 자기 이야기를 하는 게 전혀 이상하지 않은 모습이죠.

천정환   그러니까 선생님께서는 이 문제를 사회과학과 인문주의의 서로 다른 영역의 문제이고, 특히 한국 사회는 전체적으로 인문주의적인 교양과 그 체득의 부족이 문제라는 말씀이지요. 그럼 또 무엇을 공부하고 읽어야 할까요?

홍세화   최근에 제가 빅토르 위고가 말년에 쓴 소설《93》을 읽었습니다. 1793년 프랑스 대혁명 당시 프랑스 방대 지역의 왕당파의 반혁명 세력과 혁명 세력 사이에 벌어진 전쟁을 배경으로 쓴 소설입니다. 혁명과 전쟁 상황에서 인간의 다양한 모습이 흥미롭게 그려졌는데 "혁명의 절대성 위에 인간의 절대성이 있다"는 말도 나오더군요.

천정환   문학 등 인문학에 대한 소양이 중요하다는 말씀인데, 선생님이 운영하시는 독서 모임에서 문학 서적을 반드시 포함시킨다고 들었습니다. 어떤 기준으로 문학서를 고르시나요?

홍세화   기준은 따로 없습니다. 제가 혼자 고르는 것도 아니고 협의해서 선정합니다.

천정환   정치적 적대와 타자 또는 '정적'을 어떻게 다룰

것인가, 또는 동료들 사이와 어떤 관계를 맺을 것인가의 얘기이
기도 하고요. 그런 문화가 없는 거죠. 실제로 권력 정치를 흉내
내거나 적대 정치 말고는 배운 게 없고, 또는 반대로 NL식 품성
론 외에는 성찰할 수 있는 어떤 문화나 기제 같은 게 없죠. 이게
어떻게 보면 홍세화 선생님식 싸가지론이나 품성론인데요.

홍세화   개인의 가치에 대한 문제, '나, 개인'이라는 것
에 대해서 제대로 된 탐색이 없었죠. 그러니까 나의 개인으로서
의 가치에 대한 존중이 있을 때 타자에 대한 존중이 있을 텐데 그
것도 비어 있죠. 특히 사회과학에서 가장 중요한 것은 결국 권력
이잖아요. 그러니까 권력의 원리만이 작용하는 이런 가운데에서
타자에 대한 존중이 결여된 것은 진보진영에서도 거의 별 차이
없이 나타나는 모습이라는 생각이 듭니다.

공부 아홉:
겸손, 겸허, 회의 = 나를 위한 마음공부

박학과 편견

그러나 공부는 어렵다. 하나하나 스스로 어려움을 견디며 스스로 배워나가지 않으면 안 된다. 단순히 지식을 쌓거나 기능을 익히는 것이 아닌 공부라면, 공부하는 자세는 공부의 근본 문제가 된다.

공부를 좀 했다는 사람들 중에는 아는 것이 많아질수록 오히려 더 편견과 독선이 강해지는 경우가 많다. 세상을 해석하는 나름의 스키마가 생기면 거기 꿰맞춰 생각하기 때문에 더 그렇게 된다. 이런 데서 자유로운 지식인-남자는 거의 못 봤다. 한국의 남자 지식인은 '핵존심'으로 살아간다. 매우 가련한 존재다. '타인의 인정'만이 삶의 근거이기 때문이다. 실제로 사회적으로 합당한 보상이나 인정을 못 받거나, 또 스스로 그것 때문에 열등감을 갖게 되면 더 말할 것도 없다("X도 모르는 것들이… 내가 ○○대

교수가 됐어야 하는데… 내가 저 상을 받아야 하는데" 같은 의식). 일반적
으로도 나이가 들수록 '성숙'은커녕 불안과 고립감이 더 강해지는
것 같다. 공부를 열심히 하는 경우엔 혼자 삐뚤어지기 십상이고,
공부를 포기하고 세속의 권세를 탐한 경우엔 그대로 참혹한 타락
의 길을 간다. 청문회장에 나온 어떤 괴물들을 떠올려보라.

　　이런 문제를 공자와 그 제자들은 매우 일찍 깨달은 모양이
다.《논어》에는 "선비는 자기를 알아주는 사람을 위해 목숨을 바
친다士爲知己者死"는 말과, 이에 모순되는 "남이 알아주지 않아도
화를 내지 않는다人不知而不"는 말이 함께 들어 있다. 특히 후자는
아예 '군자됨'의 방법론으로 설파됐다.

　　세상에 우리가 제대로 아는 건 거의 없다. 상대적으로 좀
더 알 뿐이다. 뭘 모르는지 모르는 경우도 허다하다. 나를 포함해
서 모두가 예외 없는 이 문제는 차라리 무섭다. 그래서 무조건 겸
손하고 신중해야 한다.

　　그런데 홍세화는 유가와 거리가 멀면서도 '신중과 겸허'를
아예 사고방식으로 삼고 훈습해야 한다고 했다. 특히 약간 놀랐
던 것은, 늘 자기 말이 맞는지, 생각이 옳은지 회의하고 자신 없
어 한다는 것이다. 맞다, 그렇게 '자신 없어야' 한다. 그래야 공부
도 계속하고 신중도 유지할 수 있는 거겠다. 물론 이 '자신 없음'
을 타인에 대한 공격으로 전치시키는 경우도 있겠지만, 전문적인
자기 영역을 가진 직업인과 학자는 말할 것도 없고, '삐까번쩍'한

스펙이나 학위 같은 것과도 거리가 먼 평범하고 소박한 직업인인 경우라도, 어느 정도의 직업적 경륜이나 삶을 건강하게 영위해왔다면, 배울 게 없는 경우를 보지 못했다.

인생도처유상수人生到處有相上手라 했는데 '숨은 고수'뿐 아니라 평범한 사람들도 다 '한 칼'씩 인생이나 세계의 앎에 대해서나 빛나는 지혜와 지식을 갖고 있다. 좀 특별한 고난을 겪어냈거나, 자기 공부나 취향에 몰입해온 사람들은 말할 것 없다. 나이가 어리더라도 어떤 분야에서 열심히 삶을 살아낸 젊은 사람들도 물론 그렇다. 우리가 다른 사람에게서 뭔가를 배울 수 있다는 것은 그 사람의 세속적 '성공'과는 아무 상관없다.

감히 누가 누구를 경멸하고 누구 앞에서 오만을 떤단 말인가? '삶 전체'를 통해서 보면 거의 모든 지식은 평등하고 모든 경험은 가치가 있다. 경멸 받을 경우란 딱 두 가지라 생각한다. 다른 사람을 지배하기 위한 지식과 경험을 쌓아왔거나, 또는 돈과 권력으로 남을 괴롭히는 사람이다.

그런데 겸허나 겸손은 단지 어떤 개인의 태도나 '논리'를 대체하는 방법이 아니라, 역사와 집단적 기억과 집합적 정체성의 문제에도 적용된다. 학벌과 출신의 문제가 여기에 적용된다. '겸손'의 문제는 한 가지는 아니다. 그러나 회의와 겸손, 성찰이 가치여야 한다는 점은 분명하다.

오늘날, 한국 지식인의 상황

천정환   오늘날 한국 지식인의 상황 전체에 대해 이야기를 나눠볼까 합니다. 그들이 군거群居하는 방식이랄까 대학·매체를 통해 먹고 사는 문제, 또 글쓰기와 책, 후학 양성 등 인정 투쟁과 인정 욕망의 실현 방식이랄까, 그런 문제요. 전체적으로 어떻게 진단을 해야 될지요?

홍세화   많이 얘기되고 있는 것처럼, 과거의 지식인상, 그람시나 사르트르가 얘기한 '자기 문제가 아닌 것에 개입하고 총체적 인식을 통해 사회에 개입하는' 그런 총체적 지식인이나 유기적 지식인은 소멸돼가고 있는 것 같습니다. 그 대신 특수한 분야에서의 전문가형 지식인이 대부분이고, 언론인도 그냥 '직장인'처럼 돼가고 있는 듯합니다.

저의 경우는 대학에 몸담은 적도 없고 죽 한국 사회에서 활동하지 않고 그 '가장자리'와 신문사에 있었습니다만, 그래도 '전통적인' 지식인상을 붙들고 있는 쪽이라 생각해요. 또 그러면서 여기저기 이것저것 부딪치는 대로 해왔는데 이건 저의 한계이기도 하죠.

천정환   한계라고 보십니까?

홍세화   어떤 점에서 특별하게 뭐가 없으니까요.

천정환   말씀하신 대로 보편적인 것에 대한 추구를 바탕

으로 사회 전반의 문제에 대해서 공론장에서 발언하는 '지식인'
도 여전히 필요하겠지요. 사회가 자기의 어떤 특수한 지식이나
분야를 떠나서 발언할 사람들을 필요로 하지 않습니까? 언론은
그걸 계속하고 있고요. 그런데 저는 언제나 사실 헷갈려요. 얼마
나 어디까지 말해야 되는지. 잘 모르는 분야에 대해서 시민으로
서 발언한다는 것의 위험함을 느끼고요. 신문에 칼럼도 쓰고 바
깥 활동도 하지만 대부분의 대학교수들은 그저 학계와 대학 안에
서만 삽니다. 전공 공부만 하고 논문만 써도 벅차게 해냈습니다.
지식인으로서 어떻게 살아야 되는지 잘 모르겠다는 생각이 들 때
도 많습니다. 선배님으로서 후배들한테 한 말씀.

홍세화　　　그래도 저는 지금까지 그렇게 살아왔고 또 그랬
기 때문에 그런 삶을 끌어안고 다니고 있는 것 같아요. 이게 정답
인지는 모르겠는데 지나치게 '전문가화'되어 거기에 머물러 안주
하는 흐름이 강하게 관철되고 있지 않은가요. 그러다보니까 결국
자본의 힘을 견제할 수 있는 목소리는 그만큼 적어질 수밖에 없
으니. 한국에서는 두말할 필요가 없겠죠.

천정환　　　대중지성의 시대가 되어도 비평이 망해도 지식
인들이 가져야 될 요건이나 그 역할이 다 없어지지는 않는다는
거죠?

홍세화　　　그렇죠. 비판성이야 당연히 견지해야 되는 것이
고, 비판적 지식인이란 말이 있습니다만 사회 비판적·사회 참여

적 지식인이 점점 줄어들고 있거나 없어집니다. 이건 사실 위험한 겁니다. 신자유주의의 영향이 아닐까 그런 생각이 듭니다.

저야 스스로가 부족하다는 느낌을 항상 갖고 있고 끊임없이 의문을 갖고 탐색을 하는 거죠. 저 자신을 포함하여 의문 속에서 끊임없이 돌아보고 추구하려고 하는… 사실 제가 어떤 분야의 전문가가 아닌 것이 도움이 되는 부분도 있다는 생각도 들어요. 자기 확신이 없어요. 저는 애당초 대다수의 사람들이 갖는 자기 확신 같은 게 좀 약하다는 생각이 듭니다.

천정환   그건 왜 그런가요?

홍세화   끊임없이 의심하는 거죠.

천정환   자기를 회의하고 성찰하고?

홍세화   회의하는 거죠. 그러니까 무언가 빈틈이 있고 무언가 잘못 판단하거나 잘못 생각하고 있는 것에 대한 우려라거나 불안, 그것이 무엇일까라는 것에 대한.

제가 영남패권주의에 대해서 여러 번 이야기하고 칼럼도 썼지만, 여전히 정확하게 파악하고 있는 건가에 대한 의심이 있고 또 내가 생각한 바를 제대로 표현한 것일까에 대해서는 자신이 없는 거죠. 항상 그렇습니다.

천정환   자본주의 현대 사회에서 법률이나 경제가 갖는 중요성이나 포괄성이 있잖습니까? 이런 면에서 자주 제 지식이나 시야의 한계를 느낍니다. 어쨌든 저희 같은 사람들은 인문주의적 전통 안에서 길러졌고 또 그런 문화를 이어가는 역할도 하고 있는데요. 그 강점이나 한계 같은 것에 대해 어떻게 생각하시는지?

홍세화   그건 앞으로도 계속될 인문주의자들의 어려움이겠죠. 그런데 어느 지점에서는 변곡점이 있을 거고 그건 자연이야기할 거라고 생각합니다. 이제까지 인간이 자연을 지배해온 방식이 파탄 나고 자연 안에 인간도 포함된다는 사실이 역으로 인간에게 새로운 자세를 요구하고 강제하게 되면 다시 인간의 문제에 대한 탐색이 더 중요해지고 강하게 될 수밖에 없다고 봅니다.

좀 뜬금없을 수도 있지만 저는 남북한의 관계도 좀 확장해서 얘기해보면 지금 정권이 가정해 있는 "북한이 무너질 것이다"는 애당초 가능하지도 않은 얘기지만, 이게 물적 토대의 문제로 많이 얘기되는데요. 저는 통일이 가능하기 위해선 당연히 남쪽도 바뀌어야 되고 북쪽도 바뀌어야 되지만, 궁극적으로는 자연과의 관계에 대한 생각이 바뀔 때가 아닌가 싶어요. 그러니까 물질적 가치에 의해서 인간이 평가되는 이런 수준에서는 불가능하고 자연이 갖는 가치의 엄중함을 인간이 제대로 인식하게 될 시점에 남북과의 관계도 지금과 달라질 듯합니다.

천정환   획기적인 이야기 같기도 하고 잘 이해되지 않기도 합니다. 좀 더 구체적인 말씀이 필요한 듯합니다.

홍세화   그러니까 그걸 우리가 녹색의 가치라고 불러도 좋고 좀 더 광범위하게는 '자연의 가치'인데 그것이 거의 몰각되어 있다고 봐요. 앞으로 인간이 자본주의에 대해 근본적으로 성찰하기 위해서는 지금 우리가 경제에 대하여 가장 큰 의미를 부여하는 이 사고방식을 넘어서야 하고 그런 인식이 폭넓게 자기화될 때를 겨냥해야 된다는…

가령 지금도 경제지표가 아닌 행복지수로 국가별 평가를 하기도 하는데요, 앞으로 이런 경향은 자연의 속박과 함께 더 강해지리라고 예상합니다. 4차 산업혁명이 자주 언급되는데 그런 발전이 지금까지 인류에게 편한 삶을 허용했지만 '편한 삶'이 꼭 '좋은 삶'은 아닐 수 있다는 것과 함께 그런 발전이 언제까지 가능하겠는지에 대한 의문은 여전히 남아 있습니다. 막연한 표현입니다만 자연과의 관계가 앞으로 인간에게 규정할 만한 그리고 기본소득제가 앞당길 수 있지 않을까 기대하는 '소유의 시대'를 마감하고 '관계의 시대'로 가는 이정표가 세워질 때면 남북 관계도 지금과는 완연히 다른 모습으로 정립돼 있겠지요.

천정환   쉽게 말해서 남북 관계도 어떤 생태주의적인 변혁의 아이디어를 통해 획기적으로 나아질 것이라는 말씀입니까?

홍세화   네, 우리가 남북한 관계를 상상하는 방식도 경제와 경제적 차이에만 착목하니 어렵고 해법이 안 보이는 거라 생각하고요. 그걸 넘어서야 한다는 겁니다. 그러니까 사회와 삶에 대한 인문주의적 관점도 지금이야 말씀하신 것처럼 법이나 경

제에 비해 추상적이고 2차적인 거 같지만, 법이나 경제학은 인간
적 상처나 근본적인 이런 문제를 장악하기 어렵습니다.

　　　자계와 싸가지: 진보정치에서 바꿀 것

　　천정환　　사실 2014년에 강준만 교수가 '싸가지 없는 진
보'론을 제기할 때 저는 좀 속으로 아이러니하다고 생각했었습
니다. 90년대 말에 실명 비판이나 '싸가지 없는 글쓰기'를 퍼뜨
린 장본인 중 하나가 강 교수라 생각했거든요. 물론 오랜 자기 성
찰의 과정을 거쳤겠지만. 강준만 씨나 진중권 씨 같은 사람이 명
성을 얻게 되는 1990년대 후반 그리고 2000년대 초, 그들의 글과
토론이 방식이 '극우'나 조중동을 향한 것이긴 했지만, 그 방식은
어떻게 보면 당시의 젊은 사람들에게 영향을 많이 끼쳤어요. 거
대한 적으로 설정된 어떤 세력하고 싸우는 과정에서 그렇게 했지
만 아이러니일 수밖에 없지요.

　　아무튼 강준만 교수는 '싸가지'라는 말로 통칭해버렸지만
사실 여러 차원의 문제를 환기하게 하는 거 같더라고요. 그가 말
한 건 좀 다르지만 전 오랫동안 '운동권'과 진보정당에서 본 거를
연상했습니다. 특히 운동권 내에서는 그게 레닌주의 그리고 스탈
린주의 조직 정치의 문제와 연관됩니다. 비판과 상호비판의 예의
없음, 기타 '적대의 정치'에 깊이 연관돼 있는데, 어찌 보면 한국

사회 자체가 가지고 있는 어떤 척박함, 그런 문제이기도 하고.

홍세화   아주 빗나가는 문제는 아니라고 봅니다. 싸가지 문제가 포괄하고 있는 부분은 분명히 있는 거 같아요. 그런데 이게 어느 일부가 얘기한 품성론, 이런 거는 또 아닌 거 같아요. 품성론은 지나치게 지도자와 활동가의 품성 문제, 이런 식으로 흘러가서 결론을 엉뚱한 데로 데리고 가지요.

먼저도 그런 말씀을 드렸지만 우리는 지나치게 적대성에 익숙해진 거예요. 그러니까 나와 다르면 그걸로 서로를 '극복'해야 되는 대상으로 여기는 데 익숙해져버린 거죠. 우리 현대사와 분단 상황이 "너는 어느 쪽이야?"라는 물음을 통하여 '이쪽 아니면 저쪽'을 가르게 하고 그게 정말 생사의 갈림길이 되었던 것처럼, 우리 관계성에서 차이는 곧 적대성으로 굳어져버리는 거죠.

분단 상황이나 그 이전 일제강점기 때문인지는 몰라도, 서로 용인할 수 있는 그런 차이나 관계에 익숙할 수 없었던 거죠. 심지어는 토론할 때도 그래요. 토론이란 서로가 갖고 있는 생각을 드러내고 그것을 서로 교환하고 상승 작용을 일으키고 또 분석적으로 집중하기 위한 건데, 우리 경우의 토론은 그저 승패 게임이잖아요? 그런 것이 운동권 안에서도 오히려 운동권이기 때문에 더 심화돼 있는 게 아닌가 그런 생각도 듭니다.

그러니까 이 문제에 대한 감각·감수성 자체가 없는 것이, 통합진보당 같은 당명에 대해 그 사람들이 전혀 문제의식이 없었다는 것이 저에겐 정말 놀라운 일이었습니다.* 그것도 넓은 의미의 싸가지라고 말할 수 있는 거 아닐까요? 진보신당이 더 강자면 몰라도 약자로 있는데 어떻게 통합진보당이라는 이름을. '민주, 노동'을 버리고 그렇게 이름을 붙일 수 있었는지.

천정환   그게 개인적인 품성의 문제와 함께 그리고 말씀하신 그 '운동화'나 작풍의 문제, 크게 두 가지 갈래가 있는 듯합니다. 그리고 그것은 한국적 상황이나 역사적인 어떤 맥락이 있습니다. 뭐랄까요? 동료들하고도 제로섬 게임을 해야 되는, '적대의 정치' 또는 '절멸의 정치'가 좌우를 막론하고 정치의 기본 원리처럼 된… 그런데 저는 진보정치에 왜 '적대의 정치' 또는 '절멸의 정치'가 일종의 구성 부분처럼 되었는지가 가장 이상합니다. 스탈린주의의 영향인지, 역사를 읽어보면 북한이라는 나라도 처음부터 숙청과 절멸을 자기의 정치 원리처럼 행하더라고요. 얼마나 많은 사회주의자들이 사회주의자들 자신과 김일성파에 의해 죽었는지 모르겠습니다. 선생님, 긴 시간 좋은 말씀 감사합니다.

---

*   '진보신당'이 있는데도 노회찬, 심상정 등의 탈당파와 이정희 등의 경기동부계, 유시민 등의 국민참여당이 합당하면서 당명을 통합'진보당'이라 지은 일을 가리킴.

후기
'나를 짓는 일'의 소중함

인터뷰 책을 낸다는 것은 쑥스러운 일이다. 주제가 '공부'여서 더욱 쑥스럽다. 나 자신이 공부가 부족하다는 점을 잘 알고 있어서다. 어린 시절을 되돌아보니 학교 공부를 열심히 하지 않았는데 성적은 좋게 나왔다. 좋은 머리(?), 또는 비교적 '높은 아이큐'를 타고난 덕분이었다. 그것은 내가 선택한 게 아니었지만 '지적인종주의' 사회인 한국에서는 중대한 결과를 가져왔다. 공부를 열심히 하지 않아도 선택되는 자, 포함되는 자에 속하곤 했다. 점점 나태가 내 일상을 지배하게 되었다. 그런 내게 공부 부족은 당연한 결과다. 그래서 공부를 강조하게 되었는데 그것이 부메랑이 되어 공부를 주제로 한 책을 내게 되었다. 대담자인 천정환 교수가 이끌지 않았다면 닿기 어려운 아이러니다.

나는 의지도 박약했다. 기껏해야 실존적 존재로서 상황의 부름에 응답하는 정도였다. 이 또한 쉽지 않았다. 사회로부터 도망치려고 몸부림쳤고 우연한 일이 결합되어 망명자 처지가 되

기도 했다. 생존에 대한 불안에 휩싸였는데, 이 문제에 당면해서
도 나는 능력자와는 한참 거리가 멀었다. 공부도 부족하고 현실
적 능력도 없는… 그리고 당연한 일처럼 실패가 이어졌다. 누구
의 말처럼 더 나은 실패를 위한 실패가 아닌 그냥 실패였고, 실패
의 연속이었다. 이제 한참 늙은 몸에 침전물로 남아 있는 건 회의
뿐이다. '그럼에도'일까, 아니면 '그래서'일까, 그것도 아니면 '아
직 살아남은 자'의 부채 의식이 남아 있기 때문일까, 포기나 좌절
만큼은 할 수 없었다. 오기라고 불러 마땅할 것이다. 오늘도 책을
읽으며 사유하려고 애쓰는 것은 회의로 (살아)남은 자의 오기의
반영이고 표현이다. 내게 공부는 그런 것이다.

　　그렇지만 누구에게나 적용되는 진실이 있다. "사람은 사
회적 동물"이라는 명제를 끌어온다면, 나 또한 사람이니 사람 공
부를 해야 하고 사회적 동물이니 사회 공부를 해야 한다는 것이
다. 그래야 내가 속한 사회에서 나를 대면하면서 주체적인 삶을
누릴 수 있다. 거듭 말하건대, 내가 '인문학' '사회과학' 대신에
'사람 공부' '세상 공부'라는 말을 선호하는 것은 '인문학' '사회
과학'이라고 말할 때보다 '사람 공부' '세상 공부'라고 말할 때 학
자나 연구자들에게만 관련되지 않고 우리 모두에게 관련되는 것
으로 다가갈 수 있다고 보기 때문이다. 대부분의 한국 사회 구성
원은 일생 동안 두 번 학습한다. 한 번은 대학 입시를 위해, 다른
한 번은 취업, 임용을 위해. 오랫동안 학습하느라 지친 탓도 있겠

고 물질 중심 사회에서 취업, 임용으로 긴장이 마감되는 탓도 있다. 공부가 일생의 과제가 되지 못하는 까닭이다. 그럼에도 우리 모두 미완의 존재라고 할 때, 죽는 순간까지 '나를 짓는 일'을 소홀히 할 수 없다. 단 한 사람이라도 이 책을 통해 '나를 짓는 일'의 소중함을 인식하고 공부의 길로 들어선다면 기쁜 일이 되겠다.

알마 출판사로부터 제안을 받고 첫 인터뷰를 시작한 때로부터 많은 시간이 흘렀다. 나도 그 책임을 피할 수 없는 우여곡절이 있었는데 천정환 교수가 선뜻 나서지 않았다면 끝내 책의 모습을 가질 수 없었을 것이다. 이 자리를 빌려 고개 숙여 감사의 뜻을 전한다.

2017년 7월 홍세화

찾아보기

홍세화의 공부

1판 1쇄 펴냄 2017년 7월 27일
1판 5쇄 펴냄 2024년 6월 24일

지은이 홍세화 천정환
펴낸이 안지미

펴낸곳 (주)알마
출판등록 2006년 6월 22일 제406-2006-000044호
주소 04056 서울시 마포구 신촌로4길 5-13, 3층
전화 02.324.3800 판매 02.324.7863 편집
전송 02.324.1144

전자우편 alma@almabook.by-works.com
페이스북 /almabooks
트위터 @alma_books
인스타그램 @alma_books

ISBN 979-11-5992-116-2 03300

알마출판사는 다양한 장르간 협업을 통해 실험적이고 아름다운 책을 펴냅니다.
삶과 세계의 통로, 책book으로 구석구석nook을 잇겠습니다.